ELÉVAR

ELÉVAR

*ELEVA TU PENSAMIENTO
ELEVA TU VIDA*

TAMIEN DYSART

CONTENIDO

ELÉVAR

Pensando (pen-san-do)
verbo

*El proceso de usar la mente para considerar o
razonar sobre algo.*

Tengo una pesadilla recurrente en la que estoy al final de mi vida
y estoy sentado en una comunidad de jubilados o en mi porche en
mi mecedora y repitiendo todos mis arrepentimientos y oportunidades perdidas.

Nada me asusta más que la idea de quedarme abandonado al final
de mi vida y enfrentar el dolor del arrepentimiento, sabiendo que
tenía mucho más que ofrecer o que lograr.

Por eso, paso gran parte de mi tiempo pensando en cómo se sentiría
estar sentado en el porche en mis años dorados y tener la confianza
de haber aprovechado al máximo esta oportunidad llamada vida.

¿Alguna vez has pensado en cómo se sentiría tu momento de mecedora en el porche delantero?

¿De qué estarías orgulloso?

¿De qué te arrepentirías?

¿Qué harías diferente ahora, sabiendo que ese momento está en camino?

¿Qué se necesitaría para recordar una vida "bien vivida"?

Creo que una vida de arrepentimiento es aquella que está llena de abundante vida involuntaria.

"Una vida de arrepentimiento es aquella que está llena de vivir sin querer".

Si eres honesto contigo mismo, cuando no hay nadie cerca, solo tú y tus pensamientos más internos, ¿con qué intencionalidad estás viviendo?

Jim Rohn, el famoso empresario y orador motivacional, habló sobre dos cosas que impulsan a los seres humanos: el placer o el dolor.

En mi experiencia, la mayoría de las personas pasan la mayor parte de su tiempo tratando de evitar el dolor, porque el dolor es incómodo.

Sin embargo, es imposible evitar por completo el dolor buscando el placer o la comodidad. La realidad es que enfrentamos el dolor pase lo que pase y de dos maneras. Podemos abrazar el dolor de la disciplina o podemos soportar el dolor del arrepentimiento.

> *"Todos debemos sufrir uno de dos dolores: el dolor de la disciplina o el dolor del arrepentimiento. La diferencia es que la disciplina pesa onzas mientras que el arrepentimiento pesa toneladas".*
>
> JIM ROHN

Si esto suena duro o poco realista, quiero que dejes este libro y vayas a visitar una casa de retiro. Vaya a hablar con tantas personas como pueda y escúchelas describir su vida y las decisiones que tomaron. Obtendrá una nueva perspectiva sobre la palabra "arrepentimiento".

Ahora quiero que te hagas una pregunta: "¿Te estás preparando y persiguiendo una vida intencional y exitosa?"

En mi experiencia, hay muchas personas que no le han dado a esta pregunta la consideración profunda que merece. No es un sueño o un deseo sobre lo que quieres en el futuro, es una preparación y un examen de tus expectativas, compromiso y acciones.

La base de todo eso, y lo que debes aprender de este libro, son tus pensamientos. Examina tus pensamientos, tus intenciones, creencias y acciones, pero comienza con tus pensamientos.

Quiero que consideres tus pensamientos de la misma manera que un agricultor abordaría el cultivo y la cosecha. Simplemente "tener" o estar expuesto a buenos pensamientos es un comienzo, pero no es suficiente.

Un agricultor no se limita a arrojar semillas al suelo y esperar a que aparezca la cosecha. Hay un proceso intencional. Pasan por un proceso, preparan el suelo, atienden su crecimiento, mantienen, riegan y nutren el crecimiento de sus semillas y suelo.

Para comenzar a preparar la tierra, el agricultor debe quitar las rocas y labrar la tierra. Luego está la preparación y planificación sobre dónde se plantarán las semillas para que crezcan. Luego, el trabajo constante para garantizar que las semillas estén adecuadamente regadas, fertilizadas y libres de malezas para nutrir el crecimiento. Finalmente, después de meses de trabajo, paciencia y proceso, la cosecha está lista.

De la misma manera, poder sembrar, cultivar y cosechar semillas de sabiduría requiere trabajo, paciencia y proceso.

Si miras hacia atrás, a los últimos años de tu vida, ¿qué semillas de sabiduría has encontrado o recolectado?

¿Qué has hecho con ellos? ¿Estás plantando, nutriendo y cultivando estas semillas?

VERIFICACIÓN DE TEMPERATURA

Quiero desafiarte a que hagas algo conmigo ahora mismo.

Dite a ti mismo en voz alta,

"¡Estoy bien siendo promedio!"

¿Cómo se sintió eso? Si hiciste todo lo posible para leer este libro y llegar hasta aquí, estoy bastante seguro de que eres un gran triunfador y esa frase no te hace sentir muy bien.

La realidad es que, aunque esa frase nos incomoda a muchos de nosotros, por definición, la mayoría de las personas son promedio. Muchas personas no han comprendido el momento, el compromiso o el camino mediante el cual alcanzarán más de su potencial.

Mi esperanza es que a medida que lea este libro, comience a creer que es digno y que lo vale, y que debe comprometerse a desbloquear su mayor potencial.

Espero que puedas hacer una pausa y examinar dónde te encuentras, sin juzgarte. ¿No estás donde quieres estar en la vida? ¿Has tenido un año difícil? Quizás esté ganando a diestra y siniestra, pero ¿sabe que podría hacer más?

Independientemente de su evaluación de dónde se encuentra, puede hacer algo que haga avanzar la aguja.

Quiero que sepas que puedes y debes esforzarte para ser tu mejor versión de ti mismo. Te debes a ti mismo, al menos a nadie más, ser la mejor versión posible de ti.

Durante el resto de este libro, tendrá el desafío de examinar su pensamiento, su intención, su proceso y los resultados. Puedes y debes esperar dedicar tiempo intencional a reflexionar sobre lo que lees incluso antes de comenzar a trabajar en los Pensamientos de poder de la segunda parte de este libro.

Vamos a empezar.

TODOS TIENEN PENSAMIENTOS - POCAS PERSONAS PIENSAN

Pensar es un verbo, es un proceso activo. Los pensamientos, sin embargo, suceden independientemente de la intención. Los pensamientos son una ocurrencia pasiva y automática. Todo el mundo tiene pensamientos; no tantas personas dedican tiempo a pensar intencionalmente.

De la misma manera que no tienes que hacer que tu corazón lata o que tu sangre fluya por tu cuerpo, tampoco tienes que hacer nada para que los pensamientos llenen tu mente.

¿No convencido? Intentalo. Ahora mismo, tómate 30 segundos y deja de pensar...

...¿Cómo fue eso?

Me imagino que no fue así.

La razón es que nuestro cerebro continúa produciendo pensamientos, con o sin nuestra intención.

Los estudios realizados por el Dr. Fred Luskin de la Universidad de Stanford descubrieron que el individuo promedio tiene alrededor de 60.000 pensamientos al día. Sí, 60.000. Dejemos que eso se asimile por un momento.

El Dr. Luskin también sugirió que más del 90% de estos pensamientos son repetitivos o un "enjuagar y repetir" del día anterior.

Ésta es la razón principal por la que es posible que escuches que "la gente no cambia". Es muy difícil escapar de la versión pasada de ti mismo porque tus patrones de pensamiento ocurren en una secuencia memorizada, formando así fuertes caminos de pensamiento que están entretejidos en tu identidad.

Cuando realmente analizamos el mundo del que venimos, todo lo que eras, cómo pensabas y tus sistemas de creencias no tenían casi nada que ver contigo hasta los 18 años.

No elegimos la familia en la que nacimos. No elegimos la mayoría de las experiencias que tuvimos ni las escuelas a las que asistimos. Aunque la mayoría de nosotros creemos que elegimos a nuestros amigos, todavía fue entre una selección de personas que estaban en el mismo vecindario o escuela. La mayoría de ellos provenían de entornos económicos similares, familias similares que tenían intereses o creencias similares.

Es por eso que una de las mayores barreras para dar un paso hacia la siguiente mejor versión de uno mismo es el pensamiento intencional. El núcleo de esto es que la gente confunde pensamientos con pensamiento.

> **"No confundas tus pensamientos con tu pensar".**
>
> THINK 3D

El pensamiento es como un músculo, necesita ser ejercitado y desarrollado. Si somos completamente honestos, la mayoría de las personas con las que nos relacionamos a nuestro alrededor simplemente cumplen con las formalidades. Sí, usan su cerebro en el trabajo que hacen, las conversaciones que tienen y sus actividades diarias, pero, siendo realistas, la mayoría dedica poco o ningún tiempo a concentrarse en elévar su pensamiento.

Esto no es diferente a la necesidad de hacer ejercicio para ponerse en forma o entrenar un músculo. Se necesita tiempo, compromiso e intencionalidad para desarrollar esta parte de nuestro cerebro. Sin él, nos vemos obligados a recurrir a los pensamientos pasivos que tenemos (alrededor de 60.000 por día), que fueron informados por nuestro entorno, nuestros antecedentes y las personas que nos rodean. No es de extrañar que tanta gente pase tiempo deseando o preguntándose por qué no tienen la vida exitosa que desean.

ENCONTRAR EL TIEMPO DE COMPROMETERSE

Vamos a empezar siendo súper honestos: tienes tiempo. Todos tenemos tiempo.

Vivimos en una época en la que nos encanta decir lo "ocupados" que estamos, cuando la pregunta veraz debería llevarnos a: ¿ocupados haciendo qué? Si queremos tener una idea honesta de qué, no tenemos que mirar más allá de nuestros teléfonos para ver cuánto tiempo dedicamos a interacciones infructuosas, la cantidad de videos vistos o qué estamos haciendo en la primera y última hora. de nuestros días.

En cualquier semana, tienes 168 horas. La mayoría de nosotros podemos justificar, y de hecho lo hacemos, que estamos demasiado ocupados o que no podemos dedicar unas horas de desarrollo intencional para mejorar nuestra vida en general. En este punto de nuestra vida, ¿estamos realmente dispuestos a enfrentarnos cara a cara con la pregunta: ¿vale la pena para mí comprometerme con la vida que digo que deseo tener?

Si tu respuesta fue sí, ¿dónde y cuándo encontrarás y dedicarás el tiempo para comprometerte a ejercitar tu mente? ¿Reflexionar y plantar estas semillas en tu suelo mental? Si decir "Estoy bien siendo promedio" no le sentó bien (lo cual probablemente no le hizo si todavía está leyendo hasta este punto), entonces puede y podrá encontrar tiempo para sacar tiempo y dedicarse a ser excepcional.

Tienes tiempo. Es una cuestión de prioridad. Sea honesto consigo mismo, sabe que simplemente dedica tiempo a las cosas que tienen la máxima prioridad. Como esos momentos en los que sentiste que no podías encontrar tiempo para ti mismo, luego un ser querido fallece y te ves obligado a alejarte de tus "ocupaciones". O cuando un hijo o su cónyuge tiene una emergencia o se olvidó su billetera en la tienda y usted se aleja y hace tiempo. La vida de alguna manera logró seguir adelante, lograste completar ese proyecto o esos correos electrónicos, aunque sacaste tiempo para otra cosa.

Entonces, ¿cómo empleas tus 168 horas semanales? En el documental de Netflix The Social Dilemma, se sugiere que la persona promedio pasa aproximadamente 3.5 horas al día en su teléfono. Agregue la cantidad de tiempo que pasamos viendo televisión o navegando por Internet en nuestros otros dispositivos y rápidamente queda claro que todos tenemos tiempo.

Ahora, la cantidad de tiempo que tienes varía; algunos de nosotros, incluso tú, podemos estar terriblemente ocupados. Sin embargo, si llegar a donde "decimos" que queremos ir o estar en la vida es realmente una prioridad, priorizaremos y dedicaremos el tiempo a participar en actividades que nos llevarán a nuestro destino o logros.

Bien, hemos tenido una visión honesta y somos conscientes de que hay una brecha en la forma en que usamos nuestro tiempo.

¿Ahora que?

Una de mis citas favoritas es de Les Brown, uno de los oradores motivacionales más reconocidos del mundo. Dijo que "Want aparece en la conversación. Las expectativas se manifiestan en el comportamiento".

> **"El deseo aparece en la conversación. Las expectativas se manifiestan en el comportamiento."**
> **LES BROWN**

Es fácil sentarse y hablar de lo que queremos. Esto no requiere esfuerzo y es divertido soñar con lo que desearíamos tener en la vida. Sin embargo, si los pasos necesarios para construir esos sueños y aspiraciones no aparecen en nuestro comportamiento diario, estamos permitiendo que nuestros sueños sigan siendo nada más que ilusiones.

Una forma de hacer esto es comenzar a usar su teléfono de manera diferente. Debes empezar a usar cosas como tu teléfono (que probablemente usas más de lo necesario) de manera diferente. Piensa en cómo podrías usar tu teléfono para programar un recordatorio para dedicar 15 minutos a prepararte para el día siguiente y otros 15 para reflexionar sobre el día que tuviste. O puede usar su teléfono para desactivar las notificaciones, configurar temporizadores para aplicaciones y poder dar pasos pequeños y simples para elévar su pensamiento y crear tiempo para ello.

Esto nos lleva a una clave para desarrollar pensamientos de poder. Al elévar nuestro pensamiento dentro del contexto de cosas simples que ya estamos haciendo, y al hacerlas repetidamente, comenzamos a construir un proceso y una nueva forma de pensar que elévará nuestras vidas.

Pregúntese: ¿el futuro que desea crear vale una hora y media a la semana?

Vuelva atrás y lea "Estoy de acuerdo con volver a ser promedio…", luego responda esa pregunta.

Es hora de comprometerse.

Ahora mismo, comuníquese con 3 personas en las que confíe y dígales que desea crecer y lograr más. Comparte que has estado leyendo este libro y que una de las cosas que debes hacer es dedicar 20 minutos a reflexionar, pensar e invertir en ti mismo cada semana. Dígales que ha terminado con las excusas en lugar de los resultados en su vida y que está pidiendo su ayuda. Todo lo que necesita es un mensaje de texto sencillo o una llamada cada semana para responsabilizarse de sus 20 minutos. Porque sin el compromiso de crecer cada semana, no vas a lograr lo que sabes que eres capaz de hacer y deseas.

Permítanme intervenir rápidamente y hablar con la mayoría que no hará esto. Yo también conozco bien este sentimiento. He sido esa persona que, a nivel subconsciente, no quería rendir cuentas. No seguí adelante con muchas de las cosas que los libros me desafiaban a hacer. He sido intencional en minimizar el paso de acción que les pido a los lectores porque sé que la mayoría de ellos no lo cumplirán.

Hasta este momento, no ha habido pasos de acción y habrá muy pocos aparte de participar en el proceso semanal de Pensamientos de Poder.

Mi punto es que no hay nada más fácil que esto.

Haré que la pregunta sea aún más sencilla, incluso si tienes 1 persona. Necesita tener una conversación y pedirle a alguien que se comunique con usted cada semana, solo un mensaje de texto o un recordatorio, para asegurarse de mantenerse comprometido consigo mismo y con sus objetivos.

Si no puede hacerlo, no estoy seguro de cuán efectivo será el resto de este libro para usted. Este debería ser un punto de reflexión y exploración a medida que se desafíe a sí mismo y se pregunte: "¿por qué no?", cuando piense en el compromiso y el trabajo para alcanzar un nivel más alto de potencial.

No existe una fórmula mágica para mejorar. Se necesita hacer el trabajo.

Durante la mayor parte de 15 años de desarrollo personal, acumulé cada vez más conocimientos, pero sólo hice una fracción del trabajo para aplicarlos.

Entonces, nuevamente, si eliges saltarte este ejercicio básico de responsabilidad, aprende a estar bien siendo promedio (nuevamente, no hay nada malo en ser promedio a menos que no estés bien siendo promedio) porque la pereza de tu cerebro está luchando para que te quedes. lo mismo y si no hacemos el trabajo, nada funciona.

He estudiado extensamente el éxito y la responsabilidad es una de las características más comunes de casi todas las personas que usted consideraría "exitosas".

Si por alguna razón todavía eres escéptico, te reto a que dejes este libro y lo estudies por ti mismo. Analice las vidas de las personas que más admira y estoy seguro de que descubrirá momentos críticos en los que esas personas ELIGEN desarrollar la determinación de seguir adelante, a pesar de que algo o alguien intenta detenerlos.

Una vez que lograron esos avances, nunca volvieron a ser los mismos.

Estoy seguro de que puedes seguir esos pasos para convertirte en la próxima mejor versión de quién puedes llegar a ser. Sigamos el viaje…

SALTAR LOS OBSTÁCULOS

¿Qué te detiene?

Algo que he llegado a creer de todo corazón a medida que conozco a más personas es que todos tenemos un mayor potencial dentro de nosotros y que todos somos capaces de lograr cosas extraordinarias. Entonces, ¿por qué tantas personas se conforman con menos de su máximo potencial?

Es importante tener en cuenta que cuando hablamos de "Qué nos detiene" o de por qué no hemos tomado medidas para alcanzar nuestro máximo potencial, lo hacemos de forma segura y sin juzgar. No se trata de calificar una actuación o castigarte a ti mismo o a otros buscando excusas; esto es simplemente un marcador de "estás aquí". Porque sin saber dónde estamos no podemos saber hacia dónde vamos.

Con demasiada frecuencia veo personas que evitan evaluaciones honestas debido a su falta de confianza o a su falta de realidad. O exageran donde lo hacen porque conocen la jerga, comparten publicaciones inspiradoras, están "presionando" o "esforzándose" todo el tiempo; ya sabes el tipo; o se castigan a sí mismos con un pobre diálogo interno y negatividad porque son hipercríticos consigo mismos.

Algo que impulsa esta perspectiva, a menudo inexacta, son nuestros sentimientos; algo que inconscientemente dicta una parte sustancial de nuestras vidas.

Piense si alguien le preguntara: "¿Hoy es mejor que hace 3 meses?", la mayoría comenzaría respondiendo: "Me siento como..."

Lo difícil de esto es que los sentimientos son subjetivos y, a menudo, fugaces. Es decir, toda tu perspectiva de algo podría verse completamente contaminada por cómo te sientes en ese momento.

Independientemente de lo bien que haya ido algo o de lo mucho que haya hecho, si siente que no salió bien o que está nublado por una emoción negativa, su perspectiva al respecto puede ser completamente inexacta.

Al partir de una base basada en una evaluación honesta y libre de juicios de nuestro progreso y logros, pasamos de basar nuestra perspectiva en nuestros sentimientos a comenzar a basarlos en la clara realidad de dónde nos encontramos. Lo que nos permite avanzar y hacer ajustes de manera más efectiva.

Otro obstáculo que impide que muchas personas aprovechen su potencial es su sistema de creencias. Anteriormente compartimos que la mayoría de nuestros sistemas de creencias, incluida nuestra identidad, patrones de pensamiento y toma de decisiones, se desarrollaron sin gran parte de nuestra intención o conciencia individual.

Una creencia, en esencia, es simplemente una forma sostenida de pensar. Con el tiempo, llegamos a aceptar esto como un hecho en lo más profundo de nuestro consciente y subconsciente. Si nos fijamos en los puntos de vista religiosos, las opiniones políticas o lo que consideramos "éxito", se puede ver que la mayor parte de lo que creemos que es cierto sobre el mundo proviene de un patrón de pensamiento sostenido o repetido.

Lo más probable es que hayas formado un patrón de pensamiento basado en aquello a lo que estuviste expuesto mucho antes de que conscientemente comenzaras a cuestionarlo o comprenderlo. Dependiendo de dónde creciste, tu vida hogareña, tus amigos y las creencias de tu familia, estuviste inmerso en grupos que compartían creencias similares o superpuestas.

Si creciste en una familia mayoritariamente republicana o demócrata, cristiana o musulmana, con prejuicios raciales, estas creencias fueron la base de tus primeros pensamientos y experiencias.

El subproducto de lo cual fue su sistema de creencias más antiguo, e incluso el actual, que ha llevado hasta la edad adulta. Si alguien le pregunta por qué cree en las cosas que cree, probablemente tendrá una respuesta preparada sobre cómo se alinea con sus valores o con una experiencia que dio forma a su pensamiento. Sin embargo, cuando miras más profundamente, las semillas fueron plantadas por nuestro entorno y exposición.

Ahora, por supuesto, a lo largo del camino tus creencias han evolucionado hasta cierto punto. Tómate un momento para mirar atrás y encontrar momentos en los que tus creencias cambiaron, aunque fuera ligeramente.

Lo más probable es que sus creencias cambiaran cuando su entorno o su exposición también lo hicieron. Podría haber sido un nuevo grupo de amigos, una mudanza a una nueva zona o parte del país, o una experiencia que le cambió la vida. El hilo común aquí es que algo o alguien tuvo un impacto en ti y cambió tu forma de pensar, no sucedió por sí solo.

Estoy tratando de llegar a dos cosas. En primer lugar, la comprensión de que, para la mayoría de nosotros, nuestra forma actual de pensar, nuestras acciones y nuestra perspectiva se derivan de nuestro sistema de creencias. Tu vida, los resultados de tus pensamientos, acciones y perspectiva, reflejan de alguna manera tus creencias. En segundo lugar, el sistema de creencias en el que basamos la mayoría de nuestras decisiones durante la mayor parte de nuestra vida es absorbido por los entornos y las personas que nos rodean.

Estas dos comprensiones nos llevan a la pregunta: ¿cómo cambia una persona la trayectoria o el camino de su vida? Introduciendo nuevos pensamientos y cambiando su forma de pensar.

Tómate un minuto para hacer una pausa y pensar qué nuevos pensamientos o formas de pensar has introducido intencionalmente en tu vida durante los últimos 3 a 6 meses.

Si tienes varios, es increíble y bien hecho. Si no puede encontrar un ejemplo o no está seguro, también está bien. Independientemente del pasado, de lo que esté sucediendo en nuestra realidad actual o de lo que se avecina, tienes el poder de elegir tu enfoque y comenzar a poner atención en cómo y en qué quieres pensar.

Sin embargo, esto es un desafío. Cambiar una forma de pensar, construir una nueva forma de pensar o volver a una forma de pensar más saludable requiere energía e intención. Va más allá de cómo nuestros cerebros están programados para funcionar. Durante las primeras etapas de la historia humana, nuestros cerebros nos mantuvieron alejados de lo desconocido como medio de supervivencia. Incluso a lo largo de la historia moderna, es sólo gracias al coraje y la curiosidad de aquellos que desafiaron el miedo y fueron los primeros.

La comodidad, la mediocridad, el miedo: todos nos mantienen en un estado letárgico de "suficientemente bueno". Para liberarse de esto es necesario desafiar y elévar deliberadamente su forma de pensar y su paradigma. Un paradigma es simplemente tu patrón o forma de pensar y tomar decisiones.

Se encuentran en la base de nuestro sistema de creencias y dictan cómo vemos y navegamos por el mundo. Sin embargo, no son más que el resultado de un pensamiento y una forma de pensar sostenidos.

Empiezas a cambiar un paradigma cuando centras el pensamiento intencional y sostenido en algo nuevo o en algo que deseas. Esto ancla nuevos pensamientos hacia un destino específico y le permite comenzar a tomar decisiones y formar acciones que respalden y validen esta forma de pensar.

En este contexto, quiero que consideres señalar tus pensamientos y cambiar tus paradigmas para respaldar la versión de ti que quieres que surja en los próximos meses y años.

A medida que te concentras intencionalmente en el futuro y en la persona que quieres ser, la vida que quieres tener, elévarás tu forma de pensar y comenzarás a ver un camino hacia tu futuro. Lo que le permite tomar decisiones de manera diferente, puede ver que los obstáculos son peldaños para mejorar su vida.

SER OBSERVANTE

Profundicemos por un momento en la importancia de ser observador.

¿Cuándo fue la última vez que vio de cerca las causas y los efectos de lo que está sucediendo en su vida y las vidas de las personas más cercanas a usted o de aquellas a las que ve con más frecuencia?

Lo que quiero decir con esto es ¿ha examinado u observado realmente la forma en que usted y los demás viven y toman decisiones?

Puede que seas muy observador, eso es un rasgo de calidad, sin embargo, tómate este momento para reflexionar sobre el mundo en el que vives. De los cientos, o quizás miles de personas que conoces, ¿cuántas dirías que están realmente "viviendo su mejor vida"?

Le hacemos mucho a la gente esta pregunta, y es raro que más de unas pocas personas levanten la mano para reconocer que conocen al menos a 5 personas en sus esferas de relaciones y conocidos que realmente están viviendo su mejor vida.

Lo que creo que esto indica es el hecho de que, a gran escala, la gente vive en conformidad con las masas. Lo que significa que nos conformamos con la definición de éxito de otra persona, o nos conformamos con un nivel que sea cómodo para las personas que nos rodean, a menudo sin darnos cuenta intencionalmente de que lo estamos haciendo.

Sin ver este impacto a nuestro alrededor, nunca nos daremos cuenta de que no estamos tomando las decisiones necesarias para crear y diseñar nuestra vida con propósito. En pocas palabras, la falta de inversión hacia el futuro que desea conduce a una vida sin brillo.

Realmente no creo que nadie tenga la mentalidad intencional de ser mediocre o "suficientemente bueno". Los resultados de una vida que no alcanza su potencial no es algo que pretendían que sucediera. Se trata simplemente de daños colaterales o consecuencias no deseadas, pero es un ciclo y este ciclo se puede rastrear a lo largo de generaciones.

Miro la vida de mi madre y veo que sus padres se vieron tremendamente afectados por haber crecido en la gran depresión. Esto afectó sus aspiraciones y mentalidad de simplemente estar agradecido por lo que tienes. A partir de esto, mi madre llevó consigo una visión del trabajo de "simplemente sé feliz de tener un trabajo con un salario decente". Claro, hay poder en la gratitud y la perspectiva, pero esta creencia que dio forma a la forma en que ella tomó decisiones se basó en el miedo y la inseguridad que sus padres acarrearon a partir de sus experiencias en tiempos de incertidumbre y desafíos significativos. Era una mujer trabajadora que siempre iba a trabajar, siempre sin quejarse, pero que no esperaba mucho de la vida más allá de lo que le daba trabajar para pagar las cuentas.

Esta observación no pretende hacernos sentir mal, es simplemente reconocer las cosas tal como son. Nuevamente, se trata de observar la causa y el efecto de las cosas en nuestra vida, en lugar de tomarlas al pie de la letra.

Si podemos aprender a aspirar a más gracias a la observación de otros que simplemente se conformaron con lo mínimo o por la seguridad, podemos elévar nuestras vidas.

Para darle una perspectiva diferente a esto, voy a hacerte una pregunta: ¿Crees que tus hijos, o tus futuros hijos, querrían vivir la vida que llevas hoy?

Hacemos esta pregunta a la gente cuando los entrenamos y la inmensa mayoría dice que no. Entonces, si no creemos que nuestros hijos o futuros hijos quieran la vida que vivimos actualmente, ¿qué le estamos transmitiendo a la próxima generación?

Recuerdo que cuando mi hija mayor iba a la escuela secundaria, le dije que fuera observadora de las personas que la rodeaban, porque ellos cometerían la mayoría de los errores y ella aprendería de ellos.

Por supuesto, ella, como todos nosotros, todavía tuvo que aprender algunas lecciones de la manera más difícil, pero ejerció mucha observación y ahora ha superado con creces a muchas de las mismas personas con las que creció debido a sus decisiones. Parte de esto está informado por sus observaciones y los pensamientos, pensamientos y creencias a los que estuvo expuesta mientras crecía en un hogar donde yo la desafiaba constantemente a ser lo mejor de sí misma.

Una vez más, creo que una vida de arrepentimiento es aquella que está llena de una gran cantidad de vida involuntaria. Recuerdo haber visitado a mi abuelo cuando estaba en un asilo de ancianos de un pequeño pueblo. El olor, la tristeza, la pesadez de las personas en los últimos años de su vida eran dolorosamente claros. Vi pasillos con gente siendo llevada en silla de ruedas. la puerta de su habitación y la emoción inexpresiva en sus rostros. No pude evitar preguntarme cuán pesados eran los arrepentimientos de sus vidas; y ahora se encuentran en una situación en la que no pueden hacer casi nada al respecto.

Esa experiencia me dio una base para analizar cómo pensaba sobre el legado y la vida que quiero vivir mientras todavía tengo la capacidad de influir casi por completo en el resultado. Actualmente tengo poco más de cuarenta años y estoy tratando de hacer y responder preguntas intencionales. A menudo reflexiono sobre cómo se sentirá estar sentado en una mecedora a los 80 años. ¿Qué tipo de vida tendría que haber vivido que me dejara con una sonrisa de satisfacción de que en verdad fue una gran vida? ¿Qué tipo de cosas de las que me arrepiento podría haber hecho de manera diferente?

Con estas pocas pero sencillas preguntas, tengo una base para construir el tipo de vida del que no sólo estaré orgulloso sino que también proporcionará una base para que otros dentro de mi esfera se den cuenta de que ellos también pueden y deben diseñar su vida. con intención. Esto elimina la posibilidad de arrepentirnos mientras todavía tenemos arena en el del reloj de arena de la vida.

Antes de continuar, te reto a que hagas una pausa y observes tu vida de la misma manera. ¿Qué tipo de oportunidades le vienen a la mente? Si continúa en su trayectoria actual, se arrepentirá más adelante en la vida? Uno puede mirar hacia atrás entre 6 a 12 meses y estimar su trayectoria hasta este punto, y luego mirar hacia adelante durante los próximos 6 a 12 meses para obtener una aproximación de dónde estará. ¿Te preocupa en algo esa visión y versión de tu vida? Si ve algún margen de mejora, siga leyendo. Elevemos.

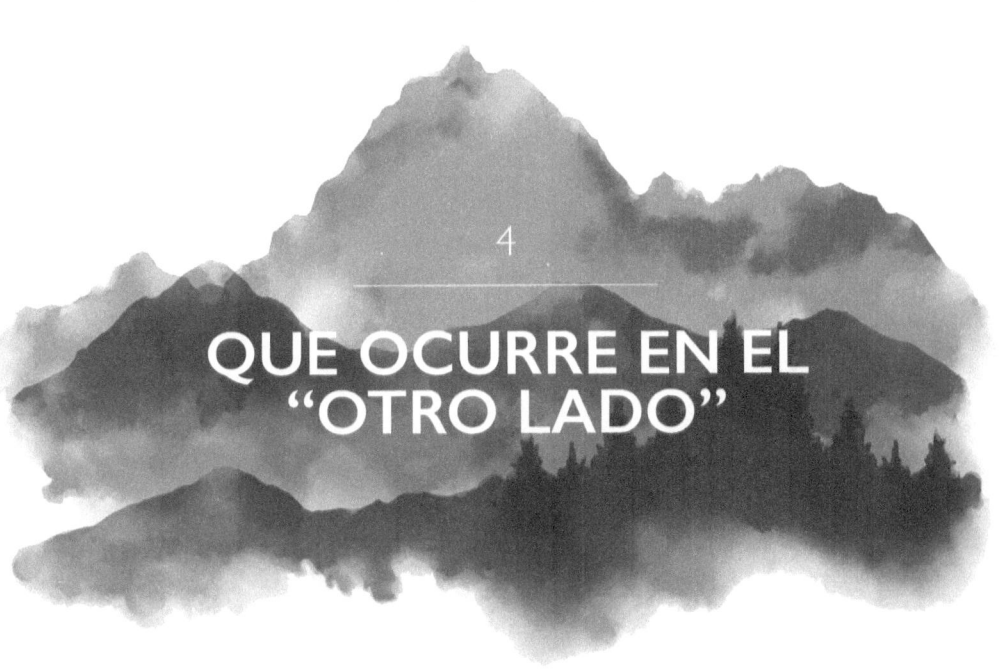

QUE OCURRE EN EL "OTRO LADO"

Cuando haces una pausa y piensas en las posibilidades para tu vida, ¿qué te emociona? No me refiero a espacios para simplemente desear, sino a cosas que crees que son posibles y que realmente agregarían un valor real a la calidad y la alegría de tu vida.

Se ha dicho que sobreestimamos lo que podemos hacer en un año, pero subestimamos enormemente lo que podemos hacer en cinco años. Mirando hacia atrás dentro de cinco años, estoy seguro de que podrás ver cómo y dónde has crecido claramente, así como algunas áreas que crees que son más o menos iguales.

Todos tendemos a perder algo después de la infancia, la ansiosa anticipación de crecer un año más. Va mucho más allá de la emoción del pastel y los regalos, sino de los beneficios y privilegios añadidos de ser mayor. A los niños les entusiasma alcanzar hitos como alcanzar los doble dígitos, convertirse en adolescente, tener edad suficiente para conducir o conseguir un trabajo, cumplir 18 años y convertirse en adulto, y cumplir 21 para tener todas las libertades de la vida a su disposición. Sin embargo, una vez que la mayoría de los adultos superan los 21 años, rara vez hay celebraciones fuera de los hitos de nuestra década. No anticipamos crecimiento ni oportunidades, y simplemente comenzamos a caminar penosamente por la vida, esperando algo mejor que bien o "nada mal".

Tome la premisa simple y la promesa de este libro: elévar su pensamiento y elévar su vida.

¿En qué tipo de persona te convertirías si no hicieras nada más que tomar una cita o un desafío poderoso, realmente lo absorbieras e intencionalmente comenzaras a evaluarlo y pensar en él y en cómo podría tener relevancia en tu vida e implementaras solo una cosa? Luego repitió esto cada semana durante las 52 semanas del año.

El poeta y humorista estadounidense Oliver Wendell Holmes señaló que,

> *"La mente del hombre, estirada hacia una nueva idea, nunca vuelve a su dimensión original".*

¿Qué versión tuya está esperando al otro lado de 52 semanas de intención? Es difícil dedicar esa cantidad de tiempo e inversión a explorar y reconfigurar tu forma de pensar y seguir siendo la misma versión de ti mismo.

Imagina por un momento que estás paseando por el supermercado con tu hijo de 10 años, cuando te pregunta si puede llevarte unas galletas. Con paciencia y amabilidad les dices que no. Siguen adelante y se tiran al suelo haciendo un berrinche como un niño pequeño.

Este no es el comportamiento que esperarías de un niño de 10 años, y estás lo más probable es que les exprese eso, quizás ahora de una manera menos paciente.

La razón por la que podemos esperar que un niño de 10 años no se tire al suelo en el supermercado cuando le dicen que no puede comer una galleta y que actúa según su edad es que ha tenido unos años más de crecimiento y desarrollo. desde los 3 años, y las rabietas eran más comunes. Deberían "saber mejor" porque usted ha mantenido la expectativa de que entienden que envejecer significa volverse más comunicativos, crecer, madurar y mejorar en general.

¿Cuándo dejamos de tener estas expectativas de convertirnos en una mejor versión de nosotros mismos? Innumerables estudios comparten que la persona promedio realmente logra poco desarrollo personal una vez completados sus años de educación formal. ¿Por qué? Sin un plan o expectativa de nosotros mismos para seguir creciendo y mejorando ¿qué pasa? Mire a su alrededor y verá innumerables ejemplos de personas que abandonaron un sueño, decidieron no correr riesgos o no superaron sus creencias limitantes.

Cuando miro hacia atrás en la historia de Estados Unidos, me sorprende la enorme ambición, la curiosidad incesante y la pura fuerza de voluntad de los hombres y mujeres que dieron forma a nuestro país hasta convertirlo en el gigante global que vemos hoy.

Fue con sueños, ambición y fuerza de voluntad similares que muchos de nuestros antepasados superaron las dificultades y la incertidumbre sin nada más que el deseo de mejorar.

Si avanzamos rápidamente hasta el día de hoy, podemos ver claramente que tenemos una causa grave para no soñar, a pesar de que vivimos en un país construido sobre sueños.

Por supuesto, todavía tienes titanes del espíritu emprendedor como Elon Musk, Jeff Bezos, Mark Zuckerberg y otros. Sin embargo, la gran mayoría ha dejado la ambición y el puro deseo de mejorar a aquellos pocos elegidos a quienes nos gusta asignar como "especiales" o que tienen un nivel de inteligencia que está fuera de nuestro alcance.

Ahora bien, no estoy diciendo que todos podamos o debamos aspirar a ese tipo o nivel de influencia o éxito. Claramente existen diferencias entre estos multimillonarios y las personas que pertenecen a la clase media.

Estas diferencias van mucho más allá de la prosperidad financiera y abarcan propiedades holísticas, algunas de las cuales implican amar genuinamente la vida. Si no prestamos atención a lo que queremos y, por lo tanto, no establecemos un nivel de intención, entonces estamos dejando los resultados y las posibilidades de nuestras vidas al azar.

Me imagino que muchas personas no han pensado mucho en cómo serían y cómo sería su vida incluso con pequeñas inversiones, como 20 minutos de reflexión intencional cada semana.

Probablemente podría resumir la mayor parte de este libro diciendo que es la introducción incremental de hábitos, positividad, reflexión y pensamiento intencional lo que lleva a actuar, lo que nos lleva a la vida que deseamos y a nuestro Potencial Superior.

¿Cómo podemos empezar a dedicar tiempo intencional, centrados en lo que creemos que es posible lograr y observar cómo es un año de pensamiento y vida elevados?

Empezamos por ser específicos con lo que queremos lograr.

Ponte a prueba y dedica tiempo a crear una visión de cómo será la "próxima mejor versión". ¿Cómo sería tu vida mejor de lo que es ahora? ¿Quién se ve beneficiado por esa versión tuya?

Paso 1: conozca lo que quiere ver al otro lado.

Paso 2: sea realista con lo que se necesitará para llegar allí.

Paso 3: comprométete y comienza.

5

EL PODER DE "ESPACIO EN BLANCO"

No tenemos que mirar más allá de tratar de pasar 20 minutos a solas en nuestra mente para darnos cuenta de hasta qué punto las distracciones se han convertido en un obstáculo importante que actúa en nuestra contra para desarrollar la vida que queremos.

Las empresas están marcando a un ritmo acelerado aprendiendo cómo hacernos cada vez más adictos a la última aplicación en nuestros teléfonos o hacernos pasar horas viendo programas sin pensar.

Dado que esta tendencia no hace más que empeorar, debemos cuestionarnos y buscar formas de cortar el cordón umbilical de la tecnología cuando queramos.

Parafraseando una afirmación del documental de Netflix The Social Dilema, "nuestro cerebro es la supercomputadora más grande jamás creada; sin embargo, al otro lado de esas pantallas hay almacenes de superordenadores" – ¡nuestros cerebros no tienen ninguna posibilidad! (Al menos no sin una intencionalidad clara y presente)

El verdadero secreto del éxito en la vida se encuentra a través del autodescubrimiento.

Si no nos tomamos el tiempo para llegar a saber quiénes somos realmente, qué es lo que realmente deseamos y por qué queremos esas cosas, continuaremos viviendo la vida sin parar y repitiendo el condicionamiento previo con el que vinimos.

¿Podemos ver cuán grande es el problema que tenemos en la sociedad cuando en casi cualquier momento libre, qué hace la mayoría de la gente? Buscan sus teléfonos.

¿Tienes una espera de 30 minutos en un restaurante? Salas de espera llenas de gente pegada a sus dispositivos. ¿Pasaste un semáforo en rojo? Déjame revisar rápidamente mi feed para ver cuántos Me gusta obtuve. La lista podría seguir y seguir.

Si realmente queremos vivir nuestra mejor vida posible, basándonos únicamente en cómo definimos personalmente lo que significa vivir nuestra mejor vida, debemos permitir que el tiempo y el espacio resuenen con nuestra verdad superior y cómo "podría" aplicarse y mejorar nuestras vidas.

No es difícil entender la idea de que si continuamos haciendo lo que siempre hemos hecho, o incluso lo que otros siempre han hecho, continuaremos obteniendo lo que nosotros (o ellos) siempre hemos obtenido.

Nuevamente, a menos que queramos enjuagar y repetir el pasado del que venimos o seguir los pasos de aquellos por quienes hemos sido influenciados, entonces buscar el tiempo y el espacio para ir dentro de nosotros mismos no es una opción. es una necesidad absoluta.

Siendo del Medio Oeste, no es difícil ver cómo hemos llegado a este lugar de complacencia o asentamiento.

Al vivir en Dakota del Sur, a menudo nos quejamos de los inviernos fríos y largos. A menudo bromeo diciendo que, aunque nos quejamos, lo aguantamos mejor que nadie.

Mirando retrospectivamente la tela de la que estamos cortados aquí en la parte superior del Medio Oeste, venimos de una larga línea de personas construidas para "un largo sufrimiento". Mientras nos quejamos cuando las temperaturas bajan de cero o caen centímetros de nieve, imaginen cómo era vivir aquí hace 100 años.

Más vale que uno esté equipado con la capacidad de sufrir durante mucho tiempo, o simplemente no lo logrará. Desgraciadamente, en muchos sentidos esta mentalidad ha provocado que las masas se conformen con lo "suficientemente bueno" simplemente porque es "mejor que". Esto simplemente no puede permanecer en ningún nivel de estándar con el que todavía estemos de acuerdo.

Partiendo del hecho de que cada ser humano que camina por este planeta es un individuo único, nosotros también deberíamos buscar cómo vivir como tal.

La vida debe ser un viaje personalizado diseñado con niveles elevados de disfrute con la mayor frecuencia posible. Nadie más ha recorrido exactamente el mismo camino que tú ni ha tenido las mismas experiencias que tú.

En ese sentido, ninguna otra persona puede mostrarnos exactamente cómo debemos vivir esta vida que estamos viviendo actualmente. Por supuesto, podemos y debemos examinar las vidas de los demás e inspirarnos en las cosas que puedan haber realizado mientras elaboramos nuestra versión de vivir una vida bien vivida, ¡pero aun así debe tener un alto nivel para determinar lo que es correcto para nosotros!

¿Qué se necesita para hacer esto?

Espacio en blanco.

Espacio en blanco que existe entre el ajetreo cotidiano de la vida.

No me refiero a dejarlo todo atrás para visitar un monasterio tibetano durante un mes o intentar encontrar horas de tiempo para pasar en la naturaleza. Aunque este tipo de cosas tienen un valor tremendo, no son prácticas para la mayoría de las personas.

Y si las personas no reciben soluciones reales, tangibles y prácticas para avanzar hacia la creación de una vida mejor para sí mismas, nuevamente resulta demasiado fácil caer en la trampa de lo "suficientemente bueno".

Si realmente analizamos lo que le está sucediendo a la mayor parte de la sociedad, la mayoría se encuentra infeliz porque se ha adaptado a ser versiones imitadas de otras personas, sin descubrir nunca su propia verdad.

A menudo se dice, y muchas veces es cierto, que somos y reflejamos la suma de las 5 personas más cercanas con las que nos relacionamos. Mirando hacia atrás en nuestras vidas, en varias etapas, ¿quiénes fueron los individuos que componían las cinco personas más cercanas con las que andabas?

Durante la mayor parte de nuestra infancia fueron nuestros padres. A partir de aquí, a medida que entramos en la adolescencia, nuestros grupos de amigos se convierten en nuestra vida. En esta etapa, la mayoría de nuestros amigos provendrán de circunstancias similares y, por tanto, de formas de pensar comunes. Para cuando ya somos adultos y tenemos control total sobre quiénes somos amigos y dónde pasamos nuestro tiempo, no estamos lejos de simplemente reflejar los entornos de los que venimos.

Por supuesto, hay excepciones a la regla, pero la mayoría sigue la regla. Tener una mayor conciencia de esto nos ayuda a encontrar la necesidad clara y presente no solo de crear espacio, sino de convertirlo en una prioridad y dedicar tiempo para hacerlo.

Las personas más exitosas del mundo tienen las mismas 24 horas al día que todos nosotros, sin embargo, simplemente valoran su tiempo de manera diferente y se aseguran de encontrar tiempo y espacio para mirar hacia adentro. Es hora de dar un paso hacia la siguiente versión superior de ellos mismos y de las vidas que desean eligiendo pensamientos, acciones y creencias que los eleven.

Una de las mejores formas de encontrar este precioso espacio en blanco es a través de la meditación. Aunque me consideraría un novato y descubrí su poder y potencial hace apenas unos años, he aprendido que el verdadero autodescubrimiento es casi imposible sin esta práctica. Independientemente de su familiaridad con el poder de la meditación, le recomiendo encarecidamente que observe tanto la ciencia detrás de ella como los innumerables ejemplos de personas exitosas que hacen referencia a este ser entre sus prácticas diarias comunes.

Como todo lo nuevo, al principio no es lo más fácil. Se necesita práctica y perseverancia para ser bueno en ello.

Al recordar el desafío anterior en el libro de intentar detener tus pensamientos, te das cuenta de que es casi imposible.

Sin embargo, la meditación puede ayudarnos a aprender y desarrollar la capacidad de ralentizar nuestro pensamiento habitual y reenfocarnos en el momento para crear nuevos patrones de pensamiento intencional.

Dejaré breve esta conversación sobre la mediación porque hay una gran cantidad de aplicaciones, libros e información que pueden ayudarle a descubrir Que funciona mejor para usted. Sin embargo, lo diré nuevamente para mayor claridad: si no aprendes a meditar o aquietar tu mente, simplemente no podrás dar un paso hacia tu Potencial Superior porque estarás limitado por tus viejos patrones de pensamiento.

Como ya hemos comentado, nuestras vidas han sido moldeadas, moldeadas y formadas sin mucha intencionalidad.

Si vamos a dar un paso hacia nuestra "mejor vida" por diseño, necesitaremos adoptar la sabiduría de la que se habla en la Biblia, Romanos 12:2, que nos aconseja "…no os conforméis a las costumbres de este mundo, sino transformaos". por la renovación de vuestra mente."

Hemos cubierto creencias, pensamientos y pensamientos, obstáculos y la necesidad de intención. Sabemos que sin elévar intencionalmente nuestro pensamiento y nuestra vida, recurriremos a la definición de éxito de otra persona, o a lo que el mundo nos dice que debemos hacer, decir o sentir.

Para liberarse de esto, necesita crear un espacio donde pueda pensar, procesar y examinar sin interrupciones.

Obviamente, renovar nuestras mentes es uno de los principios centrales de este libro, tomar semillas de sabiduría y crear espacio para que penetren y sean fertilizadas en el suelo mental de nuestras mentes. Este proceso se acelera por su capacidad de entrar y participar en este espacio en blanco.

EL PODER DE UN DIARIO

Mire hacia atrás un año a partir de hoy. ¿Cómo has crecido? ¿Qué es diferente o qué ha hecho usted de manera diferente que apunte a este crecimiento?

Durante la mayor parte de nuestra vida adulta, el desarrollo o crecimiento se mide en incrementos de 5 o 10 años. Tus "veinte", "treinta", "cuarenta", etc.; o a mediados de los treinta, cuarenta y tantos, etc.

Cuando te detienes y piensas en ello, es mucho tiempo. Incluso si analizamos un año, que consta de 365 días, 52 semanas y 8.760 horas, se produce una gran cantidad de tiempo, crecimiento y cambios.

Sin embargo, en ausencia de evidencia (aparte de imágenes, si hemos realizado algunos cambios físicos notables), puede ser fácil ver cómo estos enormes bloques de tiempo simplemente están agrupados. Especialmente cuando no utilizamos ese tiempo intencionalmente.

Dando un paso más, ¿cómo expresaría que ha mejorado su forma de pensar durante el último año?

Esto me llega a casa. Cuando tenía veintitantos años desarrollé una apreciación por el poder de leer libros, pero no aplicaba de manera real e intencional las cosas que estaba aprendiendo. Hay períodos de tiempo importantes en los que no pude articular ninguna diferencia en mí mismo de un año a otro.

Llevar un diario nos brinda evidencia inequívoca de nuestro crecimiento y un registro de lo que sucede diariamente en nuestras vidas.

Le recuerdo que el establecimiento de objetivos y la gestión del tiempo siguen desempeñando un papel muy importante a la hora de ver y seguir su crecimiento. Sin embargo, poder llevar un diario nos brinda la oportunidad de realizar un seguimiento diario de la forma en que pensamos y cómo estamos creciendo.

Una de las mayores herramientas que tienen a su disposición los deportistas de alto nivel es la capacidad de verse a sí mismos durante horas y horas en una película. Ver la película del juego les muestra áreas que pueden mejorar y ajustar, incluso detalles tan pequeños como mover un pie o ajustar ligeramente una postura.

Cuando escribes un diario con coherencia e intención, se convierte en la película de tu juego. Obtendrá detalles críticos sobre cómo puede seguir creciendo. Cuanto mejor lleves tu diario, mejor será tu vídeo del juego y mejor será tu rendimiento.

Llevar un diario también le ayuda a realizar un seguimiento de su registro. Muchas personas luchan por reunir el impulso necesario para perseguir sus objetivos porque parecen muy difíciles o lejanos. Sin embargo, mirando retrospectivamente nuestras vidas, ¿cuántas ¿Cosas que hemos superado en el pasado, pero que ahora hemos olvidado en el otro lado? Es por eso que necesita ver su récord ganador.

Se le recordará que realmente puede conquistar el desafío que tiene por delante. El pasado puede ser combustible para tu confianza. A menudo tendemos a olvidar y pasar por alto lo lejos que hemos llegado y las cosas que hemos conquistado.

Aprovechar esta mentalidad nos ayuda a seguir creciendo; sabiendo que los resultados funcionarán, no siempre en el momento, sino al final. En lugar de centrarnos en la distancia entre nosotros y nuestros deseos, podemos simplemente centrarnos en la mentalidad que hemos tenido en el pasado al enfrentar desafíos similares.

El grado en que llevamos un diario o la frecuencia con la que cada uno decide por sí mismo. Sin embargo, la cuestión es seguir nuestro progreso. Nos brinda puntos de referencia más claros a medida que navegamos a través de nuestros meses y años.

Mi viaje de llevar un diario ha pasado por varias iteraciones. Intenté llevar un diario extenso y tuve problemas con ello. No soy un escritor nato... si estás leyendo esto lo notarás. Después de intentar imitar lo que otras personas crearon, me quedé estancado, la mayoría de las veces tuve que personalizar lo que funcionaba mejor para mí.

La presión de "hacerlo bien" desapareció una vez que llegué al núcleo de lo que necesitaba obtener y comencé a hacerlo. No existe un camino correcto o incorrecto, sólo nuestro propio camino es el que funciona mejor para nosotros.

Cuando empiece a llevar un diario, asegúrese de capturar y articular su forma de pensar desde el principio. Las personas más jóvenes a las que asesoro a menudo me preguntan: "¿Qué te dirías a ti mismo a mi edad?" Esta es una pregunta difícil de responder porque hace un par de décadas Desde que tenía poco más de veinte años y al no tener un verdadero punto de referencia documentado sobre mi forma de pensar, solo tengo una idea general.

La mejor valoración que tengo es que no creo que hubiera escuchado una versión anterior de mí mismo porque en realidad no estaba buscando sabiduría y no habría asimilado nada.

Sin embargo, llevar un diario nos brinda vislumbres detallados de momentos de nuestras vidas. Qué esperamos, en qué estamos trabajando y nuestra perspectiva de la vida.

Esto resulta valioso al menos en dos sentidos. Primero, se convierte en un registro y evidencia de nuestra intencionalidad sobre el crecimiento. Con demasiada frecuencia, cuando nos encontramos en un lugar de nuestra vida que es bajo o difícil, es fácil ser demasiado duros con nosotros mismos. Cuando comenzamos a valorar el esfuerzo y no el resultado, podemos mirar hacia atrás y ver cuánto tiempo llevamos trabajando. Esto debería alimentar nuestra confianza para seguir avanzando hacia nuestros objetivos.

En segundo lugar, ayuda a obligar a nuestro cerebro a analizar lo que realmente está sucediendo en la vida. Una vez más, cuando las cosas no van como queríamos, es fácil para nuestro cerebro concentrarse en todo lo que está mal, o estamos ansiosos por buscar culpas, que a menudo recaen sobre nosotros mismos.

Esto sólo nos mantiene en un estado mental negativo y estancado por más tiempo. Si somos intencionales y trabajamos para plasmar nuestros pensamientos en papel en detalle, podemos comenzar a mejorar en el ejercicio de un mayor control sobre nuestros patrones de pensamiento.

Al menos, llevar algún tipo de diario es muy terapéutico. No sólo debemos eliminar el estigma de someterse a terapia, sino también convertirlo en un estándar para hacerlo.

Me parece extraño que, a pesar de que no existe un manual de usuario para trabajar con éxito en un cerebro humano, y en un contexto cada vez más En un mundo complicado, llevamos muchos años con el estigma de buscar ayuda profesional. Sólo recientemente hemos comenzado a incorporar las conversaciones sobre ayuda mental a la corriente principal.

Estadísticamente, sabemos que la mayoría de las personas en todo el mundo están pasando por algunos problemas. Estudios recientes sugieren que uno de cada cuatro adultos en Estados Unidos padece ansiedad o depresión. Ya sea que se trate de algo del ahora, problemas de nuestro pasado o los desafíos que surgen de las relaciones en nuestras vidas, todo suma y hace que sea aún más difícil disfrutar nuestras vidas al máximo.

Uno de los mayores beneficios que nos ayudan los servicios terapéuticos profesionales es sacar las cosas de lo más recóndito de nuestra mente y colocarlas en un espacio donde podamos trabajar a través de ellas y sobre ellas.

Cuando intentamos abordar las cosas únicamente desde nuestra propia mente, casi siempre perderemos la batalla. Llevar un diario debería permitirte un espacio para expresarlo y reflexionar sobre lo que ha estado dando vueltas dentro de tu cabeza.

No quiero simplificar demasiado lo que hacen los terapeutas, pero esto es lo fundamental en cómo ayudan; ellos extraen.

Por supuesto, su capacidad sobre qué hacer con el material que sale es lo que han estudiado y capacitado para brindar apoyo. La premisa sigue siendo que parte del proceso es extracción, reflexión, resolución o trabajo. De la misma manera que debería funcionar nuestro diario.

Calcula por un momento todas las experiencias que has tenido en tu vida: los recuerdos y todas las cosas escondidas en tu subconsciente.

Hay muchos pedacitos. Mucha ciencia popular le dirá que existe una clara diferencia en sus capacidades mentales en un ambiente desordenado en comparación con uno limpio y organizado.

Piénselo y luego combínelo con el hecho de que nuestros cerebros están diseñados para asimilar y concentrarse únicamente en una fracción de los miles de millones de datos que nos rodean en un momento dado. La oportunidad de que se produzca desorden mental está en todas partes. Llevar un diario proporciona un espacio para desempacar, ordenar y reorganizar nuestro pensamiento.

¿Cómo y cuándo se nos muestra cómo hacer esto, y mucho menos sus beneficios? Todos hemos conocido a personas cuyas mentes parecen estar desorganizadas y dispersas. Siempre parecen estar poniéndose al día y patinando en lugar de asumir intencionalmente tareas y acontecimientos de la vida.

Cada uno de nosotros, al no organizar intencionalmente todos estos datos de las experiencias de nuestra vida, estamos dejando un pensamiento optimizado y claridad sobre la mesa.

En última instancia, aprender a llevar un diario de forma eficaz de la manera que mejor funcione para nosotros puede ayudar a alimentar nuestra confianza a medida que navegamos hacia el futuro. Si tuvieras que calificar tu vida hoy, de manera integral en una escala del 1 al 10, en función de dónde te encuentras actualmente en comparación con dónde quieres estar; luego se comprometió a actualizar su progreso con cualquier frecuencia (como mínimo unas cuantas veces al mes) e hizo una reevaluación trimestralmente; piense en lo que esa claridad le brindaría.

Llevar un diario y llevar un diario de manera efectiva para usted le brinda una base para mover intencionalmente su vida y sus metas hacia el futuro que ha diseñado.

MARCADORES DE MILLA

Si alguien te parara en la calle y te preguntara: "¿Cuáles son las cinco victorias que obtuviste en los últimos meses?" ¿Qué tan listo estarías para responder?

Si usted es como la mayoría de las personas, y le hago esta pregunta a la gente con frecuencia, es posible que le resulte difícil nombrar cinco victorias específicas en los últimos meses.

Una gran razón para esto es que vivimos en lo que me gusta llamar una sociedad de "Superbowl", donde tendemos a celebrar solo las victorias si son grandes.

Sin embargo, para llegar a una Superbowl, es necesario lograr cientos de victorias más pequeñas, pero necesarias.

Deberíamos nombrar victorias todos los días. ¿Te despertaste esta mañana? Ganar. Más de 100.000 personas que se despertaron ayer no se despertaron hoy. Véalo como una victoria. ¿Tuviste la oportunidad o la capacidad de elegir lo que comiste hoy? Ganar. Con un signifi cativo parte de la población mundial no puede decir lo mismo, estás ganando.

¿Tienes al menos una persona o cosa en tu vida que te haga sonreír? Ganar. Una de cada cuatro personas, es decir el 25%, lucha contra la depresión y la ansiedad. Tener a alguien que nos importa, o que se preocupa por nosotros, o tener algo que nos brinde alegría, por simple o pequeño que sea, es una victoria.

Supongo que ya entiendes el punto. Sin embargo, esto no nos dará ningún beneficio si no nos tomamos el tiempo para reconocer y destacar verdaderamente estas victorias. Rechazo la noción de "pequeñas victorias". Una victoria es una victoria. Lo que mucha gente llamaría una pequeña victoria, yo lo llamo impulso. La ley del impulso es una de las fuerzas más poderosas de la Tierra, pero si no denunciamos, reconocemos y extraemos los beneficios de estos triunfos, grandes o "pequeños", entonces no están alimentando nuestro impulso.

No hace falta mucho para saber que las pruebas y tribulaciones son parte de la vida y sin duda ocurrirán en nuestras vidas. ¿Podemos intentar minimizarlos? Por supuesto, y debemos hacer todo lo posible para evitar negatividad, riesgos o problemas innecesarios cuando sea posible. Sin embargo, muchas personas huyen de los desafíos hasta el punto de evitar tomar las medidas necesarias y adaptarse a una vida que no es óptima. En aras de mantenerse cómodos o evitar algo, han dejado potencial y oportunidades sobre la mesa. Avanzar hacia nuestro futuro con confianza es más fácil cuando sabemos y podemos ver que tenemos impulso.

Piensa en cómo el impulso juega un papel en los deportes. Hay una razón por la que hablan de ello durante los juegos, mientras sucede porque hay un impacto claro y presente que tiene en el juego.

Uno de los mejores ejemplos que he visto de esto se puede ver en el baloncesto universitario. Piensa en lo que ves cuando un equipo tiene "impulso." Su lenguaje corporal es diferente. Su lenguaje mutuo es elevado. Hay una diferencia clara y presente en su comportamiento general y todos pueden verla. Los locutores lo notan y hablan de ello. Tiene un impacto en el juego.

La pregunta es: ¿ese impulso recién comenzó y sucedió en el juego? ¡No! Es el resultado de la práctica y la preparación lo que ayuda a impulsar al equipo a poder ganar esa confianza en el momento. Mucho de esto comienza con cómo entrenan sus mentes para enfrentar la adversidad cuando aparece en el juego. Se muestra en cómo el entrenador aborda su preparación para el otro equipo.

Me encanta cómo el legendario entrenador de baloncesto masculino de UCLA, John Wooden, vio esto y preparó constantemente a su equipo. Pasó muy poco tiempo concentrado en el otro equipo, preocupándose por lo que podrían o no hacer. Más bien, centró casi toda su atención y la de sus jugadores en las cosas que estaban 100% bajo su control. Esto comienza con nuestra actitud y esfuerzo. A partir de ahí podremos manejar la adversidad de manera eficaz o ineficaz. Fue este nivel de "estado mental controlado" lo que permitió a sus jugadores mantenerse mentalmente preparados independientemente del entorno o del nivel de talento al que se enfrentaran. Fue este tipo de enfoque el que ayudó al entrenador Wooden a convertirse en el mejor entrenador de baloncesto universitario de todos los tiempos, ganando la asombrosa cantidad de 10 campeonatos nacionales.

De la misma manera, ¿cómo nos estamos preparando para los momentos de adversidad en nuestra vida? ¿Estamos centrados en lo que podemos controlar e influir? Esto comienza contando y midiendo las victorias a lo largo del camino. El entrenador Wooden sabía si sus equipos estaban listos cuando tenían muy buenas prácticas. Era un hombre extremadamente detallista que diseñaba sus prácticas con un alto nivel de intención. Fue la victoria en esas pequeñas partes de la práctica lo que impulsó lo necesario para tener impulso y ganar en los grandes momentos.

¿Cómo podemos adoptar este mismo enfoque en nuestra vida diaria? Comienza notando, nombrando y sintiéndonos bien con la cantidad de victorias que tenemos cada día, semana y mes. Cuando damos a los momentos individuales este nivel de atención y concentración, nos encontraremos ganando mucho más. Cuando empiezas a ganar más, aumenta tu nivel de confianza. Cuando tu confianza aumenta, todo lo demás aumenta.

¿Cómo puede comenzar a mejorar la forma en que realiza un seguimiento y mide sus victorias hoy?

Grandes distancias parecen más cortas cuando hay algo que rastrear en el camino.

Piensa por un momento en cómo fue la última vez que hiciste un viaje por carretera realmente largo. Vivo en Sioux Falls, Dakota del Sur, y he recorrido varias veces el viaje de 5 horas a través del estado hasta Black Hills. El manejo no es terrible, pero tampoco excelente. La mayor parte del recorrido no es muy pintoresco; de hecho, es muy plano y sencillo (... por lo que probablemente las llaman las Grandes Llanuras). Sin embargo, una cosa que hace que el viaje sea más llevadero son los marcadores de kilómetros a lo largo del camino.

En esos momentos en los que parece que he estado conduciendo desde siempre y mi niño interior me pregunta: "¿Ya llegamos?", son los marcadores de millas los que me dan un vistazo de perspectiva. Cuando llego a la milla 300 regresando a casa desde Black Hills, sé que solo faltan otras 100 millas y habré llegado a mi destino. Sé que todo el tiempo que paso detrás del volante me acerca más a casa.

Esta misma mentalidad puede ayudarnos en la consecución de nuestras metas y sueños. Simplemente tomar nota de nuestras victorias de manera constante ayuda a mostrar progreso claro y presente, incluso si es solo un paso más hacia ese objetivo.

Los marcadores de millas pueden y deben proporcionar una rendición de cuentas muy necesaria. Como hablamos en una de nuestras capacitaciones "El PROCESS: Progreso hacia el Éxito", donde faltan triunfos, siempre va precedido de falta de trabajo.

> **Dondequiera que faltan VICTORIAS, siempre va precedido de falta de TRABAJO.**
>
> THINK 3D

Cuando encontramos falta de trabajo, debemos ser honestos sobre si realmente queremos lo que perseguimos. El éxito se puede dividir en deseos, trabajo y logros. El seguimiento y la medición de los logros nos ayudan a responsabilizarnos de tomar de manera consistente algún tipo de acción hacia las cosas que diríamos que queríamos.

Como mínimo, deberíamos establecer algún nivel de objetivos trimestrales o incluso definir algo que nos gustaría hacer durante los próximos 1 a 3 meses. Sabemos que cualquier mes se nos puede escapar porque la vida pasa. El trabajo puede volverse una locura, las actividades de los niños, pasar por un desafío en una relación emocional, insertar lo que quieras, son cosas por las que muchas personas pasan en un mes determinado. Sin embargo, observar nuestros objetivos durante un trimestre lo hace mucho más práctico y manejable. Tenemos 2160 horas en un período de 90 días. Eso es mucho tiempo para justificar no poder lograr algún nivel de progreso considerable hacia nuestras metas o al menos una cosa que mejoraría nuestra vida.

Antes de aterrizar el avión en los marcadores de millas, vayamos un nivel más profundo.

Imagina que es dentro de un año a partir de hoy. Acabas de pasar el mejor año de tu vida. ¿Qué es algo personal y profesional que tendría que ser cierto para que usted pueda decir con seguridad que fue el mejor año de su vida?

El primer paso para poder responder a esto es ser íntimo y claro con lo que realmente queremos. En segundo lugar, necesitamos tener una línea de base de cómo ha sido el mejor año hasta este momento.

Una barrera para esto para muchas personas es que algunos no podrían determinar con qué año competirían para tener una idea de cuál se considera su mejor año. Aún más alarmante es que para algunos incluso la sugerencia de que tener "un mejor año" parece imposible.

Esto a menudo puede llevar a las personas a pensar en realidades o condiciones descabelladas o poco realistas que están fuera de su control, o que tienen pocas o ninguna posibilidad de suceder. Entonces se vuelve más fácil simplemente sentarse en cualquiera que sea su realidad normal o "suficientemente buena" porque tener el mejor año de su historia parece estar fuera de contacto.

¿Y si, sin embargo, pensáramos seriamente en esto? ¿Qué se te ocurriría si realmente dedicaras algo de tiempo a pensar en lo que debe suceder para que este próximo año sea el mejor hasta ahora?

Lo he dicho antes y lo diré de nuevo: "nada importante sucede sin intención". Cuando combinamos la intención con la acción y hacemos un seguimiento de nuestro progreso a lo largo del camino al menos cada tres meses, vemos un impulso mensurable. Sabemos que vamos en la dirección correcta. El impulso aumenta cuanto más nos movemos, sólo tenemos que empezar.

Le he dado algo de espacio al final de este libro para que pueda comenzar, de modo que, ya sea que le lleve un año completo o menos completar los 52 "Pensamientos de poder", a lo largo del camino verá y celebrará las victorias, generará impulso y y eleva tu vida.

USTED ES SU MAYOR ACTIVO – INVIERTA COMO TAL

En este momento de tu vida, ¿cuáles considerarías que son tus mayores activos?

Para la mayoría de las personas, serían cosas como su casa, sus propiedades o sus inversiones.

¿Qué se necesitó para hacer crecer esos activos? Lo más probable es que en algún momento se haya dado cuenta de que era importante hacer una inversión, es decir, asumir un pago hipotecario o decidir invertir un porcentaje de sus ingresos en algún tipo de cuenta de jubilación. Afortunadamente, lo que hace que este tipo de inversiones sea exitosa es el aspecto de "configúrelo y olvídese" de dejar que algo crezca por sí solo. Si tuviéramos que calcular en cada cheque de pago cuánto guardar en un plan 401k, la mayoría de nosotros tendríamos mucho menos de lo que tenemos hoy. Esto se debe principalmente a que casi siempre hay prioridades más atractivas o cosas interesantes para gastar en el momento, especialmente con la facilidad de que estamos a unos pocos toques de la gratificación instantánea para la mayoría de las compras. Estoy inmensamente agradecido por sistemas como el pago automático o las deducciones automáticas que me protegen en el futuro, de mi actual yo.

Aunque la mayoría de la gente piensa que sus activos financieros son los más importantes, son finitos y variables en gran medida. No importa cuánto invierta en el mercado de valores, en una casa u otras "cosas", siempre existe cierta incertidumbre sobre el rendimiento y la cantidad limitada de ese rendimiento de su inversión.

También estamos muy equivocados en el mundo de los negocios. Peter Drucker, uno de los pensadores de gestión más conocidos e influyentes, habló de esto y señaló que la mentalidad de las empresas refleja lo que se encuentra en su balance. Las personas aparecen como un gasto, mientras que la maquinaria o el equipo aparecen como activos.

No importa cuánto tiempo, energía o esfuerzo dediquemos a las máquinas, siempre hay un rendimiento máximo de lo que pueden producir. Con máquinas, tecnología o procesos, podemos seguir mejorando y volvimos más eficientes y crecer en la producción general, por supuesto, pero todavía hay un límite a lo que somos capaces de hacer.

Las personas, por otro lado, realmente no tienen límites. Antes de este cambio de mentalidad y el avance de las empresas dentro de la era de la información, esto rara vez, o nunca, se tenía en cuenta.

Sabemos que la mente humana es la supercomputadora más compleja jamás creada. Todavía estamos en las fases iniciales de comprender realmente la mente, pero la realidad innegable es que nadie se ha acercado a definir el límite de lo que realmente somos capaces de hacer.

Tomemos como ejemplo a Roger Bannister. Roger fue el primer hombre en superar la milla de 4 minutos. Antes de hacerlo, incluso los científicos estaban convencidos de que era imposible que los humanos lograran tal hazaña. Algunos incluso sugirieron que el corazón de una persona podría explotar en el intento.

Sin embargo, el 6 de mayo de 1954, Roger Bannister hizo lo imposible al correr la milla en 3 minutos y 59 segundos. Una vez que se rompió esta creencia arraigada, solo tomó 46 días después para que alguien superara este récord. Dicho de nuevo…

> **La mente del hombre, estirada hacia una nueva idea, nunca vuelve a su dimensión original.**
> OLIVER WENDELL HOLMES

Al mirar atrás en nuestras vidas, si consideráramos que nuestra mente es una cartera de inversiones, ¿cuál sería nuestro patrimonio neto hoy? Revisando la premisa de por qué nuestros hogares y nuestros planes 401k funcionan tan bien, es la parte consistente, configurarlo y olvidarlo lo que los hace efectivos. Sin embargo, fuera de esto, dado nuestro tiempo "libre", hay un número interminable de lugares donde gastar nuestro tiempo, energía, atención y concentración. Sin embargo, si no somos capaces de articular claramente y proporcionar evidencia de cuándo y cómo estamos invirtiendo en nosotros mismos, consciente o inconscientemente estamos diciendo que otras cosas son más importantes que lo que realmente queremos de la vida.

Antes de abandonar este pensamiento, miremos la evidencia, porque vivimos en una sociedad con una sobreabundancia de opiniones vacías. Piensa en las personas que más admiras en la vida. Podrían ser personas que conoces personalmente o personas que conoces y a las que admiras. Cuando comenzamos a analizar sus vidas y lo que admiramos de ellos, Lo más probable es que los etiquetemos como exitosos según nuestra definición personal de éxito. Sabemos que nadie tropieza simplemente con el éxito, sino que es el resultado de acciones intencionales durante un período de tiempo. Aquellos que tienen éxito en su matrimonio, invierten tiempo en la relación para llevarla a ese lugar. Aquellos que tienen éxito en sus carreras también invirtieron tiempo para cruzar ese umbral de éxito. No importa cuál sea el contexto en el que consideremos que alguien tiene éxito, un punto en común que seguramente encontraremos es cierto nivel de inversión intencional en sí mismo. Cuando alguien se siente incompleto o inadecuado, esto sofoca por completo su capacidad de intentar aspirar a más. Sin embargo, aquellos que, a pesar de sus orígenes o de los obstáculos que enfrentaron, con una inversión intencional y constante en sí mismos, construyeron una base desde la cual pudieron lanzarse hacia el éxito.

Si observamos las vidas de estas personas, ¿cómo se comparan o comparan con el promedio que vemos a nuestro alrededor? Para ser claros, la edad promedio no es un insulto. Por definición, el promedio es la mayoría. Pero cuando observamos los comportamientos, los niveles de inversión en el crecimiento personal y profesional y las aspiraciones de las personas, se hace una clara separación de cómo las personas llegan a donde están hoy. La pregunta que deberíamos hacernos regularmente es: ¿con cuál queremos alinearnos? Casi todo el mundo diría que quiere algo mejor para sí mismo y para su vida, pero hasta que realmente nos veamos a nosotros mismos como nuestro mayor activo y nos comprometamos a dedicar tiempo regular y constante a nuestras mentes, no continuaremos obteniendo lo que siempre hemos tenido.

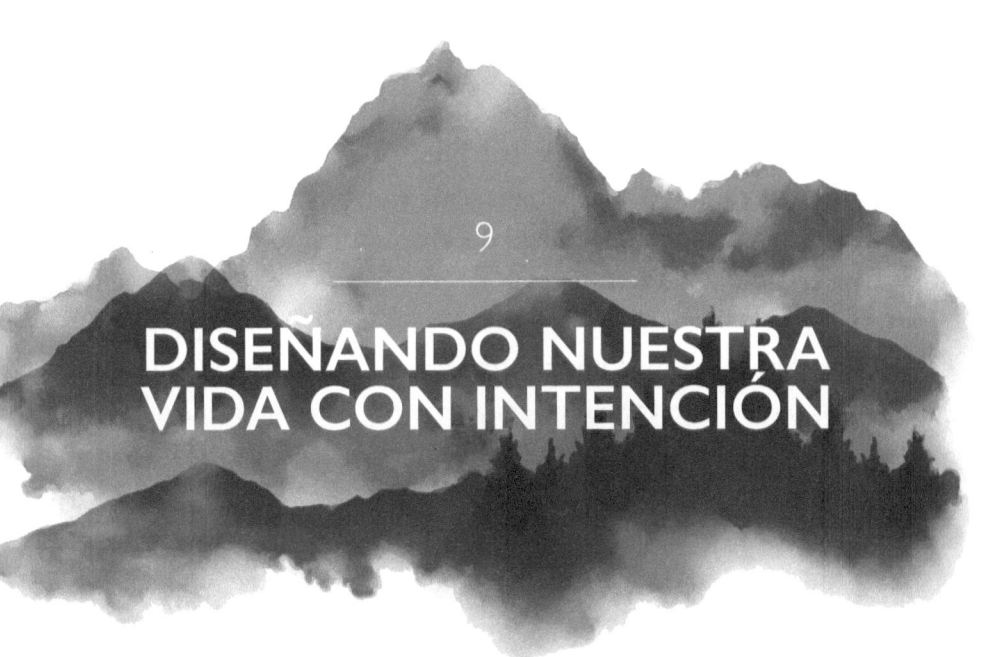

DISEÑANDO NUESTRA VIDA CON INTENCIÓN

Probablemente no lo sabías cuando se estrenó la película, pero Matrix tuvo un impacto profundo y duradero en cómo vemos, pensamos y hablamos sobre la realidad y la sociedad.

Piensa en cuántas personas ves en el día a día, que parecen estar viviendo en "la matriz". Tal vez incluso usted se sienta así a veces: atrapado en el ciclo de enjuague y repetición, simplemente pasando por la vida en piloto automático, sin un sentido más profundo de conciencia. No es que todo sea malo, pero es "suficientemente bueno".

La mayoría de las personas con las que hablo quieren una vida mejor o quieren más de la vida que viven actualmente, pero muy pocas de esas personas están tomando medidas consistentes y persistentes para crear esa vida mejor.

No hay suficiente espacio en este libro para profundizar en todas las formas en que está conectado nuestro cerebro, pero una de las formas más simples que puedo decir es: el cerebro está conectado para la comodidad y la supervivencia.

El cerebro quiere que nuestros cuerpos se mantengan cómodos y vivos, por eso almacenamos grasa, por eso le tenemos miedo a la oscuridad, por eso la mayoría de la gente le tiene miedo a las serpientes, arañas, etc.

En nuestra vida moderna, parece comodidad. La comodidad es realmente una adicción. Hace miles de años sentirse incómodo significaba incertidumbre. La incertidumbre significaba una probabilidad mucho mayor de no sobrevivir. Dado que la función principal del cerebro es sobrevivir y mantenernos vivos, no necesariamente lograr el éxito y prosperar, es fácil ver y comprender cómo nuestros cerebros fueron diseñados para amar la sensación de comodidad.

Hoy en día, ya no hay tigres dientes de sable esperando para comernos o teniendo la posibilidad de que una planta desconocida nos mate. El problema es que nuestros cerebros no han evolucionado para darse cuenta de que ya no existe la misma necesidad de miedo a lo desconocido que nos ha servido durante toda la existencia de la especie humana.

Todavía tememos del mismo modo los desafíos, la incomodidad y la incertidumbre.

Al principio de este libro planteé la pregunta de que, entre los cientos y tal vez miles de personas que conoces, ¿hay al menos cinco personas que verdadera y genuinamente están viviendo su mejor vida? Es raro encontrar siquiera un puñado de personas que puedan decir esto con confianza. Esta es una comprensión interesante, especialmente viviendo en un país donde tenemos la libertad de elegir dónde vivir, a qué nos dedicamos, las personas con las que nos rodeamos y las cosas con las que nos relacionamos. Somos un país que representa el epítome del libre albedrío y la libertad personal de ELECCIÓN. Entonces, ¿por qué hay tantos

¿Las personas no eligen pensar diferente, actuar diferente o perseguir su mayor potencial?

Es mi opinión y mi experiencia que, a nuestra manera, muchos de nosotros vivimos en una matriz. ¿Recuerda cuántos pensamientos tenemos cada día, la mayoría de ellos aproximadamente los mismos que ayer? (Una pista si saltaste aquí sin leer el principio: son alrededor de 60 000).

Entonces, si pensamos de manera similar a los entornos de los que venimos, las personas con las que pasamos más tiempo y los patrones de pensamiento que tenemos con mayor frecuencia, se vuelve más fácil ver más allá del velo y la realidad que muchos de nosotros o las personas que conocemos simplemente "existen".

Entonces, ¿cómo empezamos a abrirnos paso? Comienza con la intención. Nada importante sucede sin intención. No se pierda la profundidad de la verdad en esta declaración. La mayoría de las personas generalmente entienden este concepto, pero si realmente valoraran la realidad detrás de él, serían mucho más conscientes de los momentos que conforman sus vidas y se preguntarían: "¿Qué nivel de intención estoy aportando a este próximo capítulo de mi vida? "

Haga una pausa por un momento y pregunte: "¿cuál era mi intención al tomar este libro para leerlo?"

Lo más probable es que en el fondo sepas que eres capaz de hacer más. Tienes el deseo de mejorar, de que tu vida mejore y de avanzar hacia tu Potencial Superior con confianza.

Sin embargo, también sabes que hay una razón por la que la mayoría de los propósitos de Año Nuevo fracasan y que la mayoría de las personas no logran las metas que se propusieron, incluido tú. Esta vez tiene que ser diferente.

Esta vez algo TIENE que cambiar.

La forma de solucionar este problema se describe de diferentes maneras en este libro. En pocas palabras, necesitas sentarte y diseñar. Tómate el tiempo para diseñar la vida, el resultado, la realidad que deseas, luego actúa y comienza a pensar en tu vida con intención. La búsqueda constante y persistente de elévar tu pensamiento y actuar con intención elévará tu vida.

EL CONOCIMIENTO NO ES PODER: EL VERDADERO CAMINO A LA SABIDURÍA

Es hora de confesarse.

Soy un adicto a la información y tengo adicción a la nueva información. Ahí lo dije.

Ahora bien, lo más probable es que si eres un lector, escuchas podcasts o audiolibros, también seas un adicto a la información. Es comprensible ver por qué. A nuestros cerebros les encanta la nueva información. Nuevas formas de pensar. Es la clave de cómo nuestra sociedad ha crecido tan rápidamente a medida que saltamos desde las plataformas de sabiduría de quienes nos precedieron.

He aquí el peligro de ser un drogadicto o un adicto: siempre necesitamos más para conseguir nuestra dosis. Y en una época de información infinita, donde podemos triplicar la velocidad de esos podcasts o audiolibros todo lo que queramos, nunca obtendremos TODA la información.

Para mí, los libros físicos son mi droga preferida. No hay nada como abrir ese libro nuevo, con mi resaltador amarillo, esperando que me lleguen los nuevos pensamientos. Personalmente, me encanta la idea de obtener información de los cientos de horas de pensamiento y experiencia de alguien sobre un tema resumido en unos pocos cientos de páginas de contenido. ¡Es 100% uno de los mejores retornos de su inversión!

Quizás se pregunte: si está de acuerdo en que es tan beneficioso obtener la percepción y el conocimiento de los demás, ¿dónde radica el problema? Haga una pausa aquí y hágase esta pregunta: ¿cuántas de las cosas que aprende realmente pone en práctica?

Mi realidad era que estaba mucho más enamorado del proceso de datación de la información que de sentarme con él, involucrarme con él o comprometerme completamente con él. La mayoría de los sabios del pasado transmitían cosas críticas que realmente los ayudaron a sobresalir en la vida y que solo se encontraron después de años de experiencia y de probar la verdad detrás de lo que transmitían. Sin embargo, la mayoría de las personas no podrían nombrar cinco sabidurías clave con las que se han unido en los últimos años.

Escuché al obispo TD Jakes, uno de los mas terminds más venerados del mundo, decir una vez que es cierto en la vida que no podemos hacerlo mejor si no sabemos más, pero todos sabemos mejor que nosotros. Eso resonó en mí tan profundamente en mi alma que sentí como si él me estuviera aconsejando allí mismo en mi auto (mientras estaba en un atracón de información de YouTube).

Mirando hacia atrás en mi crecimiento y desarrollo, podría haber llegado mucho más lejos en tantas áreas de mi vida si hubiera recibido este consejo crítico antes. Durante la mayor parte de 15 años, desde los veintitantos hasta los cuarenta y tantos, me obsesioné con adquirir conocimientos. Sin embargo, mirando hacia atrás, no podía estar seguro de cuáles fueron esas cosas clave en las que realmente le hundí el diente.

No me malinterpretes, la mera exposición a libros, lecciones y conocimientos ha sido lo más influyente que he hecho en mi vida. Ha ayudado a elévar dramáticamente mi forma de pensar. Pero lo que pretendo es obtener el máximo rendimiento de la inversión de nuestro tiempo, energía y esfuerzo.

Una vez más, nada importante sucede sin intención.

Todos hemos escuchado el dicho de que el conocimiento es poder. Sin embargo, creo que la mayoría de la gente es plenamente consciente de que el conocimiento por sí solo no es poder. Sólo el conocimiento aplicado tiene poder. Y sólo el conocimiento experimentado se convierte en sabiduría.

"El conocimiento no es poder. El conocimiento aplicado es poder. Y sólo el conocimiento experimentado se convierte en sabiduría".

Desarrollé mi proceso sobre cómo me relaciono con los libros de la persona que tuvo la mayor influencia profesional en mi vida, John C. Maxwell, autor y gurú del liderazgo de renombre mundial. Fue tropezar con sus libros cuando era un ingenuo veinteañero lo que cambió la trayectoria de mi vida. Al leer más de 40 de sus libros, junto con cientos de otros, desde el principio comencé a preguntarme por qué parecía que sus libros estaban llenos de tanta buena información. John revela que es un recopilador de información. Siempre que lee algo bueno, ya sea en un libro o en una revista, tiene un sistema de archivo para conservar esa información clave.

Fue a partir de este ejemplo que comencé a resaltar libros y luego a escribirlos en cuadernos para capturar los pensamientos o ideas clave. En mi proceso ahora evolucionado, todavía tengo mucha información, sin embargo, ahora dedico tiempo prioritario a interactuar con esas pocas cosas clave que sé que me harán mejor y me ayudarán a evolucionar mi perspectiva.

Podemos transmitir conocimientos a otros, pero si no estamos dispuestos a vivir la experiencia de ese conocimiento, nunca obtendremos la sabiduría que contiene. Tomarse el tiempo para analizarlo y aplicarlo en nuestras vidas tiene el beneficio directo y obvio, pero también se convierte en un ejemplo vivo de su aplicación del que otros pueden beneficiarse.

Antes de abandonar este capítulo, pregúntese cómo puede elévar su propio camino para involucrarse y establecerse verdaderamente con el conocimiento disponible para nosotros que puede ayudarnos a transformar nuestras vidas.

EL CAMINO

Aunque hoy disponemos de más información que en cualquier otro momento de la historia, lo que nos permite estudiar las vidas de cualquiera que consideremos exitoso, ¿por qué son tan pocos los que realmente encuentran el camino por sí mismos?

Una vez más, revisando los 60.000 pensamientos que tenemos cada día, ¿en qué dirección nos llevan nuestros pensamientos?

Miremos esto de otra manera...

¿Cuán responsables nos consideramos del resultado de nuestras vidas?

Por supuesto, sabemos que tenemos la libertad de elegir en el momento, pero muy pocos analizan genuinamente cómo llegamos a ciertos puntos del proceso nuestra vida o cómo se desarrollaron determinados acontecimientos. Parte de la razón por la que pocas personas lo hacen es la forma en que está conectado nuestro cerebro. Actúan como un mecanismo de seguridad para ayudarnos a evitar que nos castiguemos como muchas personas tienden a hacer.

El objetivo de hacer una evaluación exhaustiva de la responsabilidad por los resultados de nuestras vidas tiene extraordinariamente poco que ver con culpar a alguien, incluidos nosotros mismos, sino con encontrar la causa raíz con el propósito y la intención de informarnos mejor en el futuro.

Piense por un momento en algunas experiencias clave de su vida. ¿Qué pasaría si alguien no te hubiera tratado como lo hizo o no te hubiera dicho esa cosa?

A menudo escucho historias de personas que hablan de una persona influyente en su vida que era potencialmente un entrenador, maestro o jefe, y su simple creencia en esa persona en el momento adecuado les dio no sólo confianza en ese momento sino que los impulsó durante varios años. años cambiando la trayectoria de su vida. Por otro lado, recientemente escuché a alguien recordar lo que un niño les dijo en el campamento de la iglesia y cómo les afectó hasta el punto de que todavía sienten que deben demostrar que esa persona está equivocada hasta el día de hoy.

Cuando se nos da el espacio adecuado para comprender el poder de un momento, sabemos cuán poderoso o perjudicial puede ser el momento correcto o incorrecto en nuestras vidas. El punto aquí es que el predictor número uno de los resultados en nuestras vidas son las acciones que tomamos.

Esto hace que nuestras acciones sean aún más importantes cuando consideramos cómo ejercitamos la intención y el pensamiento elevado. En el gran esquema de las cosas, sólo puedes controlar hasta cierto punto; de hecho, no es mucho en absoluto. Lo único que puedes controlar eres tú.

La mayoría de nosotros estaría de acuerdo con la idea de que, como individuos, somos responsables de nuestras acciones, pero ¿cuántos de nosotros ponemos una intención real y decidida en nuestras acciones diarias con el enfoque específico de crear los resultados o la vida que deseamos?

Si medimos en función de los resultados, la respuesta es bastante baja.

Repitiendo esto una vez más porque realmente es muy importante grabarlo en nuestro cerebro, una de las creencias fundamentales en Think 3D es la idea de que nada importante sucede sin intención. Cuando descomprimimos nuestros calendarios, todos los días, semanas y meses; ¿Cuánto de nuestro tiempo realmente lo gastamos intencionalmente?

Para la mayoría de nosotros, como ya hemos comentado, nos dejamos llevar por el "ocupado" y confiamos en el piloto automático de nuestras rutinas, sin considerar cómo ajustar nuestro entorno o exposición y cómo impactan nuestras acciones y resultados.

Cuando somos honestos acerca de dónde invertimos nuestro valioso tiempo, todos tenemos mucho más control sobre él del que nos hacemos responsables.

Uno de los aspectos positivos de atravesar la pandemia de COVID fue que ralentizó el mundo y nos mostró que no teníamos que estar tan ocupados. Fue un duro despertar para muchos que, de otro modo, utilizaban el control de crucero y no se daban cuenta del precio que esto les estaba cobrando a ellos, a sus familias o a su salud.

La desafortunada realidad que se manifiesta al otro lado de la pandemia es que la mayoría de las personas no aprovecharon de manera duradera la perspectiva obtenida mientras tenían tiempo para reevaluar cómo querían que fuera su vida en el futuro.

Una vez que las cosas volvieron a la "normalidad", la mayoría se vio arrastrada de nuevo al ajetreo del mundo y volvió a la misma rutina sin un cambio significativo.

La pregunta con la que quiero desafiarnos a todos es la siguiente: si sabemos que nuestras acciones son el predictor número uno de nuestros resultados, ¿cómo podemos comenzar a tomar acciones más intencionales para crear la vida elevada que deseamos?

Todo se reduce a una elección. La pregunta sigue siendo: ¿consideraremos como prioridad hacer algo diferente o seguiremos atrapados en el "ocupado" como sigue haciendo gran parte del mundo?

Tomémonos un minuto para hacer una pausa y analizar más nuestras acciones.

¿Cuál es el predictor número uno de nuestras acciones? Son nuestras emociones. Piensa por un momento en la persona que quiere ponerse en forma por sí misma. Tienen muy claro que las acciones requeridas son levantarse por la mañana e ir a hacer ejercicio al gimnasio. Ellos fijaron su intención. Saben por qué lo quieren, por el resultado de sentirse y verse bien. Luego suena la alarma a las 5 de la mañana... pulsan el botón de repetición varias veces hasta que se les pasa por la cabeza el pensamiento: "Empezaré mañana".

Ahora bien, todos hemos pasado por eso de una forma u otra. Todos hemos experimentado los mayores impedimentos para el éxito de hoy: "la fila del mañana". En este ejemplo, tenemos claros nuestros resultados y las acciones necesarias, pero en ese momento no "teníamos" ganas de hacerlo.

Por otro lado, la persona que elige levantarse todos los días y, de hecho, va al gimnasio, lo hace porque "sintió" suficiente motivación para ponerse en marcha.

Muchos estudios sugieren que alrededor del 40% de nuestras vidas están determinadas por hábitos y rutinas. Sin embargo, las cosas clave necesarias para llegar al punto de desarrollar el hábito son la fuerza de voluntad y el esfuerzo mental para ponernos en acción. Como todos sabemos muy bien, cómo nos "sentimos" en el momento es extremadamente poderoso.

Tómese el tiempo mientras continúa creciendo en este proceso y eleva su pensamiento, analiza las acciones que realiza o no realiza a diario e identifica las emociones que experimenta antes de dar un paso.

"¿Por qué no fuiste a trabajar hoy?" "Porque no tenía ganas".

"¿Por qué les gritaste así a tus hijos?" "Porque me sentí frustrado y enojado".

"¡Vaya, desarrollaste todo tu plan de negocios durante el fin de semana!" "Sí, me sentí realmente inspirado".

Hay un montón de libros y recursos sorprendentes que abordan la ciencia de cómo nuestro cerebro y nuestras emociones nos impulsan a actuar, a menudo a un nivel subconsciente. Sin embargo, para simplificar, tus emociones son el principal impulsor de tus acciones, o de la falta de ellas.

Ahora quiero profundizar una capa más. ¿Cuál es el indicador número uno de nuestras emociones? Nuestros pensamientos. Analicemos esto de la misma manera.

Piensa en la última vez que te sentiste enojado, ¿en qué estabas pensando? ¿Qué tal la última vez que te sentiste inspirado? ¿Qué estabas pensando? Si analizas tus estados emocionales más comunes y analizas en qué estabas pensando cuando estabas feliz, triste, frustrado, etc., ¿qué encuentras?

Lo que piensas crea las emociones que sientes. Las emociones que sientes impulsan tus acciones. Las acciones que tomas crean el resultado de tu vida. Todo esto se remonta a tus pensamientos y a cómo piensas.

Nuestras vidas se convierten en lo que pensamos con más frecuencia. Esto se ha repetido y demostrado una y otra vez, ya sea para bien o para mal: nuestras vidas están impulsadas por nuestros pensamientos.

La buena noticia es que esta comprensión nos indica dónde reside realmente nuestro poder: en el momento.

La mayoría de las personas no logran tomar el control de sus vidas porque se han dejado llevar por imitar el mundo que los rodea y terminan conformándose con la mejor versión de una vida inferior. Te desafiaría a que hagas una pausa y evalúes realmente el mundo que te rodea y observes cómo la mayoría de las personas se han conformado con lo "suficientemente bueno". El dicho "podría ser peor" me pone la piel de gallina. Es redundante y es algo que siempre es evidente. Sin embargo, por alguna razón, sólo porque las cosas podrían Para empeorar las cosas, muchas personas se conforman con lo que la vida les ofrece. Es limitante, porque la realidad es que decir simplemente "podría ser peor" y aceptar cualquier cosa que la vida te depare te exime de la responsabilidad de cambiar las cosas que están bajo tu control, principalmente tu forma de pensar .

Sí, la vida a gran escala o a gran escala puede ser complicada y abrumadora debido a los desafíos que enfrentamos, las diferentes cosas que llaman nuestra atención y nuestra historia o formas de pensar arraigadas.

Sin embargo, la vida en el micro, la vida en este momento, es manejable. En pequeños momentos, pensamientos y acciones individuales, tenemos que tomar una decisión. ¿Vamos a elegir dirigir nuestras intenciones, pensamientos, emociones y acciones en la dirección que decimos que queremos ir?

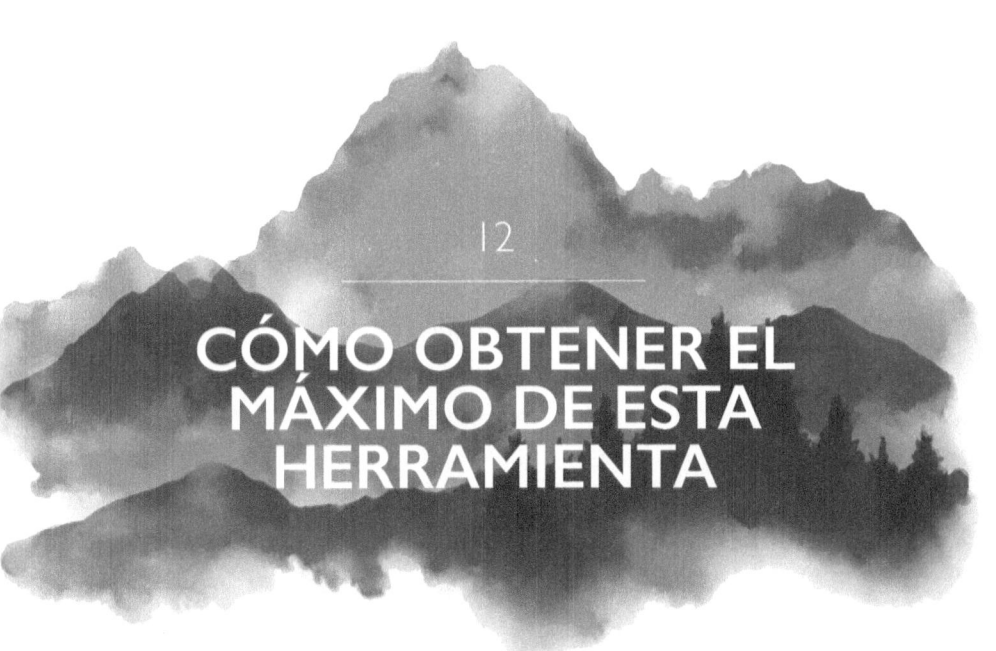

CÓMO OBTENER EL MÁXIMO DE ESTA HERRAMIENTA

Antes de entrar en la parte de este libro que está diseñada para ayudarte a elévar tu pensamiento y tu vida, quiero que respondas esta pregunta:

¿Estás comprometido a mejorar tu vida o simplemente estás interesado?

Si has llegado a este punto del libro, al menos estás interesado en crecer y evolucionar hacia esa próxima versión de ti.

Sin embargo, no basta con estar interesado o simplemente querer algo. Hay una razón por la que la industria de la dieta y el ejercicio es una bestia multimillonaria, construida sobre la base de personas que buscan trucos, atajos y formas fáciles de conseguir lo que quieren.

La realidad es que no existe una "bala de plata". No existe un viaje rápido hacia la siguiente mejor versión de nosotros mismos.

Todo lo que he escrito en este libro es simple: está lejos de ser ciencia espacial. Sin embargo, simple no significa que sea fácil. Como dije, somos seres programados, nuestro cerebro nos cuida y nos empuja hacia la familiaridad. El camino hacia un pensamiento elevado y una vida elevada requiere un compromiso real y genuino.

Este es el objetivo de "Pensamientos de poder". Si elevas tu pensamiento, puedes elévar tu vida. Ya sea que esté leyendo esto para dar el siguiente paso en su carrera o esté buscando crecer personalmente y en su vida hogareña, lo único que puede esperar es tener que seguir adelante y mantenerse constante cuando no tenga ganas. él.

Te lo diré por experiencia personal, el éxito está del otro lado del "no tengo ganas".

> *El éxito está al otro lado del "no tengo ganas".*
> TAMIEN DYSART, THINK 3D

Por lo tanto, aclare e intimícese con la visión de cómo se ve y se siente el "otro lado". ¿A qué te refieres con un mejor?

Personalmente: piensa en todas las personas en tu vida que se beneficiarán de una versión elevada de ti. ¿Cómo te haría sentir eso al saber que estás marcando una diferencia significativa simplemente basándose en tu ejemplo? ¿Qué tal lo que compartes con otras personas que están listas para crecer en sus vidas? ¿Qué significaría abrir un camino de posibilidades y vivir genuinamente tu mejor vida sabiendo que tu ¿Tus hijos, futuros hijos o la próxima generación detrás de ti vieron un nuevo mundo de posibilidades simplemente observando tus logros?

Profesionalmente: en un mundo donde la mayoría de las personas dejan de crecer, desarrollarse y aprender intencionalmente más allá de sus años escolares, ¿qué efecto tendría eso en usted a medida que continúa evolucionando hacia una mejor versión de sí mismo profesionalmente? Puede empezar de forma sencilla: identificar las características o competencias clave de los líderes que más admira y luego calificarse del 1 al 10 en esas cosas.

A partir de ahí, tendrá una lista clara y simple, pero impactante, de cosas en las que puede trabajar para convertirse en un mejor líder para el resto de su carrera.

Elévar nuestro pensamiento es universalmente beneficioso, cambiará cada área de tu vida y, por lo tanto, debe colocarse donde pertenece, en lo más alto de nuestra lista de prioridades. ¿Dónde has decidido colocarlo en tu vida?

DESARROLLAR LA MENTALIDAD DE UN GANADOR

Hagamos un rápido chequeo del pulso de la sociedad. En algún momento de los próximos días, hazle a tanta gente como quieras esta sencilla pregunta: ¿Cuáles son las 3 victorias que has obtenido en los últimos 3 meses?

Como dije antes, lo que es más probable encontrar es que muchas personas luchan por nombrar sólo 3 victorias en los últimos 3 meses.

El efecto coche nuevo se produce cuando compramos un coche nuevo y al día siguiente vemos docenas de coches iguales al nuestro en la carretera. Una vez que nuestro cerebro se da cuenta de algo, lo nota en todas partes. La idea básica de buscar, notar, nombrar y proclamar tus victorias comenzará a cambiar tu forma de pensar y las verás con más frecuencia.

Piensa en lo que sucede cuando nombras ganadores todos los días.

Una vez que notas y sientes que estás ganando todos los días, ¿en qué te convierte eso? ¡Un ganador! El poder de las victorias transforma tu perspectiva y comienzas a verte a ti mismo y a tu vida de manera diferente. He visto este simple cambio de mentalidad transformar a todo tipo de personas una vez que se dieron cuenta de que durante la mayor parte de sus vidas, su perspectiva no se centraba en las victorias. Cuando te sientes ganador, empiezas a actuar como un ganador.

Hay varios beneficios en nuestras vidas de manera integral cuando nos sentimos como ganadores, pero quiero mencionar algunos en la parte superior de mi lista. Cuando te sientes ganador, ayudas a aumentar tu confianza y felicidad. Estas son dos palabras que deberían estar en la definición de éxito de todos. Piensa por un momento, ¿hay algún área de tu vida que no se beneficiaría cuanto más seguro y feliz seas? Por supuesto que no. Por lo tanto, simplemente con anunciar victorias con regularidad, comenzará a agregar y alimentar estos rasgos característicos clave que tienen un beneficio universal en cada área de nuestras vidas.

Creé un espacio al final de este libro para que puedas comenzar a realizar un seguimiento de tus victorias y mirar hacia atrás en el transcurso de este proceso para ver la cantidad de victorias que comienzas a acumular a lo largo de tu viaje de elévar tu pensamiento y elévar tu pensamiento. su vida. Ponte a prueba para dedicarte a notar, nombrar, ser más consciente y seguir tus victorias diaria o semanalmente, y ver cuánto puedes hacer.

ELEVA TU PENSAMIENTO, ELEVA TU VIDA

Qué esperar de Power Thoughts

Utilice estos puntos de control semanales para aprender algo de las citas, resuelva las preguntas y dedique al menos 15 a 20 minutos cada semana a elévar intencionalmente sus pensamientos sobre estos temas.

La segunda pieza será comprometerse a tomar medidas para acercarse un paso más al futuro y a la vida que desea lograr, desbloqueando más de su potencial.

Estos están diseñados para tomarse con calma e intencionalmente, así que asegúrese de reservar tiempo cada semana.

Quizás recuerdes que anteriormente en nuestro libro te desafié a encontrar un socio responsable o una fuente de responsabilidad semanal de parte de un amigo. Ahora es el momento de empezar con eso. Cada semana, asegúrese de tomarse al menos 20 minutos para mejorar, registrarse, escribir un diario y crecer.

Todo lo que he compartido a lo largo del camino ha sido para preparar tu mente y prepararla para embarcarte en este proceso de autodescubrimiento, crecimiento y elevación.

Recuerde: una marea creciente levanta todos los barcos.

UNO

A un hombre se le puede quitar todo menos una cosa; la última de las libertades humanas: elegir la propia actitud ante cualquier conjunto de circunstancias, elegir el propio camino.

Victor Frankl

¿Cuánto estás ejerciendo tu libertad para elegir el tipo de vida que deseas?

Es desafortunado ver que la mayor parte de la sociedad se ha absuelto de la libertad de vivir la vida que desea al decir "¡así son las cosas!"

La realidad es que una vez que las personas llegan a ser conscientes de que una vida mejor puede ser posible, piensan que es imposible llegar allí porque se han dejado acorralar en una vida que no fue diseñada con intención y, por lo tanto, no algo fácil de cambiar.

Seamos claros: el camino para vivir nuestra mejor vida no es fácil, pero debería valer la pena. Como dijo Les Brown, el gran orador motivacional: "Si hacemos lo que es fácil, la vida será difícil. Pero si hacemos lo difícil, la vida será fácil". Yo agregaría a eso diciendo una vida que realmente disfrutemos vivir.

Si Víctor Frankl pudiera encontrar en sí mismo la capacidad de elegir su actitud en el circunstancias inimaginables de sobrevivir en los campos de exterminio de la Alemania nazi, tendría que creer que cualquier cosa que estemos enfrentando en la vida no es lo

suficientemente grave como para justificar que nosotros tampoco podamos elegir una actitud correcta.

¿Cómo y dónde podemos empezar a elegir una actitud intencional mientras buscamos mejorar la trayectoria de nuestra vida?

¿Qué aprendiste de este Pensamiento de Poder?

¿Qué vas a hacer para involucrarte con este pensamiento, desafío o tema durante la semana?

ELÉVAR

Tómese el tiempo para documentar sus pensamientos y lo que está observando en torno a este tema o desafío. Recuerde que llevar un diario es para usted, lo que necesita para extraer, documentar, aplicar y crecer.

☐ Marque esta casilla cuando haya tomado y completado una acción hacia este tema.

¿Eres más adicto a la idea o a la implementación?
Tus pensamientos de poder son una inversión en tu yo futuro.

_____

_____

_____

_____

_____

_____

_____

_____

_____

_____

Dos

Porque siempre he sostenido que, excepto los tontos, los hombres no difieren mucho en intelecto, sólo en celo y trabajo duro: y sigo pensando que ésta es una diferencia eminentemente importante.

Charles Darwin

¿Cómo te diferenciarías de aquellas personas que se contentan con vivir una vida normal?

Para la mayoría de las personas, cuando están del lado de los "desposeídos", es fácil suponer que no son tan inteligentes como el empresario exitoso o el abogado. Sin embargo, como muchas personas descubren a lo largo de su carrera profesional, la mayoría de las personas que conocemos en el camino realmente no son más inteligentes que somos.

A fin de cuentas, es la pasión, el celo y el trabajo duro los que se convierten en el verdadero gran separador de los exitosos. Todas las cosas que están disponibles para todos nosotros.

¿Cómo podría evaluar y medir estas áreas críticas y hacer un seguimiento para aumentarlas?

¿Qué aprendiste de este Pensamiento de Poder?

¿Qué vas a hacer para involucrarte con este pensamiento, desafío o tema durante la semana?

ELÉVAR

Tómese el tiempo para documentar sus pensamientos y lo que está observando en torno a este tema o desafío. Recuerde que llevar un diario es para usted, lo que necesita para extraer, documentar, aplicar y crecer.

☐ Marque esta casilla cuando haya tomado y completado una acción hacia este tema.

¿Eres más adicto a la idea o a la implementación?
Tus pensamientos de poder son una inversión en tu yo futuro.

_____

_____

_____

_____

_____

_____

_____

_____

_____

*T*RES

Agradece todo lo que tienes, acepta todo lo que no tienes y
crea activamente todo lo que deseas.

Hal Elrod

Dada tu realidad actual, ¿qué tan contento estás? ¿Realmente?

¿No es interesante que la mayoría de las personas justifiquen que están felices con el lugar en el que se encuentran en la vida en este momento pero que están lejos de "vivir su MEJOR vida"?

Profundamente arraigada en nuestros instintos de supervivencia está la necesidad o el deseo de no

sentirnos mal, por lo que esta justificación de que la vida es "suficientemente buena" es simplemente un mecanismo de defensa.

Dado que somos efectivamente los capitanes de nuestro barco, ya sea intencionalmente gobiernándolo o dejándolo a la deriva sin rumbo, ¿no deberíamos asegurarnos de que estamos fijando un rumbo para que el viaje sea lo más placentero posible? ¡Por supuesto!

Un buen punto de partida es basarnos en la gratitud, no culpar a nadie por lo que no es, sino aceptar la realidad tal como es ahora y trabajar por las cosas que queremos para nuestro futuro.

¿Cómo puedes empezar a mejorar estas tres áreas?

¿Qué aprendiste de este Pensamiento de Poder?

¿Qué vas a hacer para involucrarte con este pensamiento, desafío o tema durante la semana?

ELÉVAR

Tómese el tiempo para documentar sus pensamientos y lo que está observando en torno a este tema o desafío. Recuerde que llevar un diario es para usted, lo que necesita para extraer, documentar, aplicar y crecer.

☐ Marque esta casilla cuando haya tomado y completado una acción hacia este tema.

¿Eres más adicto a la idea o a la implementación?
Tus pensamientos de poder son una inversión en tu yo futuro.

_____

_____

_____

_____

_____

_____

_____

_____

_____

CUATRO

No hay camino hacia la felicidad: la felicidad es el camino.
Thich Nhat Hanh

En una escala del 1 al 10, ¿dónde calificarías tu felicidad general en tu vida en este momento?

¿Qué se necesitaría para mejorar esto?

Durante la mayor parte de nuestras vidas, se nos enseña (en la mayoría de los casos sin querer) que la felicidad se encuentra externamente. Seremos felices cuando consigamos ese trabajo determinado, nos vayamos de vacaciones o tengamos una mejor relación.

Aunque estas cosas pueden ser factores que contribuyen a la felicidad, el verdadero camino hacia la felicidad se encuentra en el camino hacia adentro. La mayoría de las personas nunca encuentran este camino porque no vemos que se modele en abundancia en la sociedad y, en cambio, continuamos promoviendo estas soluciones temporales a la felicidad.

Mientras avanzas por este camino de verdadera satisfacción y felicidad internas, tengamos presente que la felicidad es una emoción precedida por lo que estamos pensando. Cuanto más nos centramos en lo que ya está bien en la vida y en que la felicidad es mucho más una perspectiva que una obtención, nos encontraremos cada vez más disfrutando de la vida en cada momento.

¿Cómo puedes seguir descubriendo niveles más profundos de alegría, satisfacción y felicidad en tu viaje?

¿Qué aprendiste de este Pensamiento de Poder?

¿Qué vas a hacer para involucrarte con este pensamiento, desafío o tema durante la semana?

ELÉVAR

Tómese el tiempo para documentar sus pensamientos y lo que está observando en torno a este tema o desafío. Recuerde que llevar un diario es para usted, lo que necesita para extraer, documentar, aplicar y crecer.

☐ Marque esta casilla cuando haya tomado y completado una acción hacia este tema.

¿Eres más adicto a la idea o a la implementación?
Tus pensamientos de poder son una inversión en tu yo futuro.

_____

_____

_____

_____

_____

_____

_____

_____

_____

CINCO

Tu nivel de éxito rara vez excederá tu nivel de desarrollo personal porque el éxito es algo que atraes por la persona en la que te conviertes.

Jim Rohn

¿Cómo calificaría su compromiso actual con el desarrollo personal?

(Califique en una escala del 1 al 10 o describa su compromiso en términos como "muy comprometido", "algo comprometido", etc.)

¿Qué acciones están tomando que confirmen este nivel de compromiso?

No en el nivel de lo que quieres decirte a ti mismo o convencer a los demás. Según el nivel de evidencia basado. Si estuviera ante un tribunal de justicia, ¿qué pruebas presentaría para respaldar su convicción de compromiso?

Sabemos que todos tenemos más potencial dentro de nosotros del que estamos persiguiendo activamente.

¿De qué manera y en qué áreas podrías elévar tu nivel de desarrollo personal sólo un nivel y avanzar hacia tu Potencial Superior? ¿Lo seguirás?

¿Qué aprendiste de este Pensamiento de Poder?

¿Qué vas a hacer para involucrarte con este pensamiento, desafío o tema durante la semana?

ELÉVAR

Tómese el tiempo para documentar sus pensamientos y lo que está observando en torno a este tema o desafío. Recuerde que llevar un diario es para usted, lo que necesita para extraer, documentar, aplicar y crecer.

☐ Marque esta casilla cuando haya tomado y completado una acción hacia este tema.

¿Eres más adicto a la idea o a la implementación?
Tus pensamientos de poder son una inversión en tu yo futuro.

_____

_____

_____

_____

_____

_____

_____

_____

_____

SEIS

Se trata de que yo me levanté para servir en una misión, no que la misión se doblegue para igualar mis fortalezas limitadas.

Desconocido

¿Estás respondiendo la llamada?

A medida que continuamos recorriendo el camino del autodescubrimiento e identificando las cosas que más queremos en la vida, ¿nos estamos inclinando con valentía hacia los obstáculos que se interponen entre nosotros y el éxito?

A nuestro cerebro realmente no le importan nuestras metas y ambiciones, sino que está diseñado para la comodidad simplemente porque la comodidad ha significado supervivencia durante la mayor parte de la existencia humana.

Sin embargo, hoy en día, especialmente ahora que las redes sociales impulsan el juego de las comparaciones, esta comodidad está en el centro del descontento de la mayoría de las personas. En el fondo saben que es posible hacer más y la exposición constante a lo que tienen otras personas les recuerda que no están donde les gustaría estar.

Donde esto sale mal es cuando los lleva por el camino de buscar la felicidad en el entorno externo. La verdad real es que el camino hacia nuestro llamado sólo se puede encontrar yendo hacia adentro.

¿Cómo podemos analizar honestamente lo que debemos hacer y asegurarnos de que estamos avanzando activamente hacia nuestro propósito en la vida, que está ligado a nuestro potencial superior?

¿Qué aprendiste de este Pensamiento de Poder?

¿Qué vas a hacer para involucrarte con este pensamiento, desafío o tema durante la semana?

ELÉVAR

Tómese el tiempo para documentar sus pensamientos y lo que está observando en torno a este tema o desafío. Recuerde que llevar un diario es para usted, lo que necesita para extraer, documentar, aplicar y crecer.

☐ Marque esta casilla cuando haya tomado y completado una acción hacia este tema.

¿Eres más adicto a la idea o a la implementación?
Tus pensamientos de poder son una inversión en tu yo futuro.

_____

_____

_____

_____

_____

_____

_____

_____

_____

SIETE

El éxtasis es una implicación plena y profunda en la vida.

John Lovell

¿Cómo describirías tu compromiso o relación con la vida?

Tómese un momento y piense en las 10 o 20 experiencias más agradables de su vida. Lo más probable es que casi todos ellos estuvieran profundamente involucrados en una actividad, disfrutando de la vida y tuvieran otras personas a quienes les importaba compartir esa experiencia con ustedes.

No dejemos estos momentos dorados simplemente para un puñado de momentos a lo largo del año. Involucremos la vida diaria con pasión e intención.

Es en este camino donde se encuentra la verdadera alegría. Una vez que entendamos verdaderamente que una gran vida se trata del viaje, no simplemente del destino, debemos tener un objetivo elevado al comenzar cada nueva semana.

¿Cómo puedes estar más presente en la vida cotidiana y en tus actividades para involucrarte verdadera y profundamente en la vida, avanzando continuamente hacia tu Potencial Superior?

¿Qué aprendiste de este Pensamiento de Poder?

¿Qué vas a hacer para involucrarte con este pensamiento, desafío o tema durante la semana?

ELÉVAR

Tómese el tiempo para documentar sus pensamientos y lo que está observando en torno a este tema o desafío. Recuerde que llevar un diario es para usted, lo que necesita para extraer, documentar, aplicar y crecer.

☐ Marque esta casilla cuando haya tomado y completado una acción hacia este tema.

¿Eres más adicto a la idea o a la implementación?
Tus pensamientos de poder son una inversión en tu yo futuro.

_____

_____

_____

_____

_____

_____

_____

_____

OCHO

Las cosas no necesariamente suceden para lo mejor, pero algunas personas pueden sacar lo mejor de lo que sucedió.

Tal Ben-Shahar

¿Cuál es su proceso actual para "crecer a través de" sus experiencias en la vida?

¿No es interesante que todo el mundo sabe absolutamente que la vida tiene altibajos, picos y valles, pero la mayoría de las veces no están preparados para las circunstancias cuando se presentan y, lo que es peor, dejan el aprendizaje de los momentos difíciles de la vida al azar? .

Al examinar los últimos momentos desafiantes de su vida, ¿cómo ha crecido a partir de ellos? ¿Podrías elévar y extraer un valor aún mayor de las lecciones que se ofrecen a través de ellos? ¿Cómo podría prepararse mejor para optimizar lo que aprende de experiencias futuras?

Cuanto mejor preparados estemos para aprender de las pruebas de la vida, más pronto estaremos listos para pasar a los siguientes niveles de vida.

¿Qué aprendiste de este Pensamiento de Poder?

¿Qué vas a hacer para involucrarte con este pensamiento, desafío o tema durante la semana?

ELÉVAR

Tómese el tiempo para documentar sus pensamientos y lo que está observando en torno a este tema o desafío. Recuerde que llevar un diario es para usted, lo que necesita para extraer, documentar, aplicar y crecer.

☐ Marque esta casilla cuando haya tomado y completado una acción hacia este tema.

¿Eres más adicto a la idea o a la implementación?
Tus pensamientos de poder son una inversión en tu yo futuro.

_____

_____

_____

_____

_____

_____

_____

_____

_____

NUEVE

Las mentes pequeñas hablan de personas. Las mentes promedio hablan de eventos. Las grandes mentes hablan de ideas.

Eleanor Roosevelt

¿En qué consiste el contenido de tus conversaciones?

Para la mayoría de las personas, es una mezcla de las cosas mencionadas en esta cita. Sin embargo, podemos ver la perogrullada general en esta afirmación.

Cuando nos preguntamos adónde queremos ir en la vida, rápidamente nos damos cuenta de la importancia de dedicar mucho más tiempo a las ideas necesarias para llevarnos de aquí a dondequiera que esté "allá".

¿Cómo puedes empezar a redistribuir la energía y el contenido de tu diálogo con los demás en categorías más significativas y, al hacerlo, pensar en los siguientes pasos correctos y necesarios para elévar tu vida?

¿Qué aprendiste de este Pensamiento de Poder?

¿Qué vas a hacer para involucrarte con este pensamiento, desafío o tema durante la semana?

ELÉVAR

Tómese el tiempo para documentar sus pensamientos y lo que está observando en torno a este tema o desafío. Recuerde que llevar un diario es para usted, lo que necesita para extraer, documentar, aplicar y crecer.

☐ Marque esta casilla cuando haya tomado y completado una acción hacia este tema.

¿Eres más adicto a la idea o a la implementación?
Tus pensamientos de poder son una inversión en tu yo futuro.

_____

_____

_____

_____

_____

_____

_____

_____

_____

DIEZ

Los mejores años de tu vida son aquellos en los que decides que tus problemas son tuyos. No le echas la culpa a tu madre, a la economía o al presidente. Uno se da cuenta de que el control de su propio destino.

Albert Ellis

¿Qué bien te ha hecho la culpa a lo largo de tu vida?

Reflexionando por un momento, reconozcamos para qué se utiliza la culpa la mayor parte del tiempo: para eximirnos de responsabilidad personal.

Sabiendo que la respuesta a la primera pregunta sobre la culpa, si no nos sirve,

¿por qué íbamos a involucrarnos en ella?

Incluso en momentos en los que alguien realmente puede tener la culpa, sigue siendo de mayor beneficio volverse hacia adentro y preguntar qué puedo aprender de esto y/o buscar alguna manera de mejorar las cosas dentro de su esfera de control/influencia en el futuro.

Si realmente queremos vivir una vida de felicidad y alegría, será necesario el más alto nivel de responsabilidad personal. En este camino, no sirve de nada culpar sino más bien asumir una apropiación extrema.

¿Cómo puedes tomar aún más control sobre tu destino y los resultados de tu vida?

¿Qué aprendiste de este Pensamiento de Poder?

¿Qué vas a hacer para involucrarte con este pensamiento, desafío o tema durante la semana?

ELÉVAR

Tómese el tiempo para documentar sus pensamientos y lo que está observando en torno a este tema o desafío. Recuerde que llevar un diario es para usted, lo que necesita para extraer, documentar, aplicar y crecer.

☐ Marque esta casilla cuando haya tomado y completado una acción hacia este tema.

¿Eres más adicto a la idea o a la implementación?
Tus pensamientos de poder son una inversión en tu yo futuro.

_____

_____

_____

_____

_____

_____

_____

_____

_____

ONCE

Lo principal es que la grandeza es realizable. La grandeza son muchas, muchas hazañas individuales, y cada una de ellas es realizable.

Dan Chambliss

¿Cuántas personas conoces o has encontrado que realmente aspiran a la grandeza de forma continua? Para la mayoría, es raro encontrarse con estas personas y, cuando lo hacen, sus ambiciones son claramente evidentes.

¿Por qué supones que más personas no lo hacen?

Para muchos, o probablemente la mayoría, es porque la grandeza simplemente suena demasiado lejos o es demasiado difícil de alcanzar. Pero, ¿qué pasaría si te desafiaran simplemente a fijarte en cómo es la grandeza hoy? ¿Es esa una posibilidad? Entonces, ¿qué pasaría si intentaras alcanzar esa grandeza diaria una y otra vez, dándole a cada día una nueva dosis de energía para simplemente ser grandioso ese día?

Lo que encontraríamos es que nuestras semanas y meses comenzarían a ganar más impulso. Trabajar para lograr este impulso es una de las actividades diarias más poderosas que podemos y debemos realizar.

Lo que uno se daría cuenta rápidamente es que la grandeza básicamente se reduce a la ELECCIÓN de ser grande. Desde esta simple decisión y perspectiva, la grandeza se vuelve factible.

¿Qué tan comprometido estás para alcanzar la grandeza y cómo podrías elévarla solo un nivel desde donde está hoy?

¿Qué aprendiste de este Pensamiento de Poder?

¿Qué vas a hacer para involucrarte con este pensamiento, desafío o tema durante la semana?

ELÉVAR

Tómese el tiempo para documentar sus pensamientos y lo que está observando en torno a este tema o desafío. Recuerde que llevar un diario es para usted, lo que necesita para extraer, documentar, aplicar y crecer.

☐ Marque esta casilla cuando haya tomado y completado una acción hacia este tema.

¿Eres más adicto a la idea o a la implementación?
Tus pensamientos de poder son una inversión en tu yo futuro.

_____

_____

_____

_____

_____

_____

_____

_____

_____

DOCE

La vida no se trata de desear estar en algún lugar o alguien que no eres. La vida se trata de disfrutar el lugar donde estás, amar quién eres y mejorar constantemente ambas cosas.

Hal Elrod

En la actualidad, ¿cuánto dirías que "amas tu vida"?

Llevemos esto un poco más profundo. Si alguien te siguiera a 10 pies de distancia durante una semana, ¿estaría de acuerdo contigo en tu evaluación de cuánto amas tu vida?

Es lamentable cuánto han influido las redes sociales en las comparaciones que hacemos tanto consciente como inconscientemente.

Sabiendo que las redes sociales no van a tener menos influencia en el futuro, ¿cómo podemos ayudarnos a fortalecernos para diseñar y vivir verdaderamente nuestras vidas con una intención basada en nuestros deseos más elevados y verdaderos?

Independientemente de dónde te encuentres actualmente en la vida, ¿cómo puedes empezar a disfrutar de estar aquí ahora mismo, amarte más a ti mismo y trabajar para elévar ambos de manera constante?

En el centro del ser humano está la necesidad/deseo de progreso. Mientras trabajamos constantemente para ver y experimentar el progreso en estas áreas, dejemos que esto impulse nuestro conocimiento de que realmente estamos en nuestro camino único de vivir "nuestra" mejor vida.

¿Qué aprendiste de este Pensamiento de Poder?

¿Qué vas a hacer para involucrarte con este pensamiento, desafío o tema durante la semana?

ELÉVAR

Tómese el tiempo para documentar sus pensamientos y lo que está observando en torno a este tema o desafío. Recuerde que llevar un diario es para usted, lo que necesita para extraer, documentar, aplicar y crecer.

☐ Marque esta casilla cuando haya tomado y completado una acción hacia este tema.

¿Eres más adicto a la idea o a la implementación?
Tus pensamientos de poder son una inversión en tu yo futuro.

_____

_____

_____

_____

_____

_____

_____

_____

_____

TRECE

Puede que la acción no siempre traiga felicidad, pero no hay felicidad sin acción.

Benjamin Disraeli

¿Cuánto control has tomado sobre tu propia felicidad?

Es sorprendente cuánto espera la gente que los demás actúen de cierta manera para ser felices y estar contentos con sus vidas. Sin embargo, ¿qué tan bien ha funcionado eso alguna vez?

Vale la pena trabajar por una vida verdaderamente feliz.

La felicidad no cae simplemente en nuestro regazo. La verdadera pregunta es: ¿estamos realmente dispuestos a hacer el esfuerzo necesario para vivir una vida genuinamente feliz?

Dado que cada aspecto de la vida es mejor y tiene un impacto más positivo desde el punto de vista de la felicidad, DECIDAMOS hacer todo lo posible para vivir y ser felices.

¿Cómo puedes elévar tus acciones hacia el siguiente nivel de felicidad y satisfacción en la vida?

¿Qué aprendiste de este Pensamiento de Poder?

¿Qué vas a hacer para involucrarte con este pensamiento, desafío o tema durante la semana?

ELÉVAR

Tómese el tiempo para documentar sus pensamientos y lo que está observando en torno a este tema o desafío. Recuerde que llevar un diario es para usted, lo que necesita para extraer, documentar, aplicar y crecer.

☐ Marque esta casilla cuando haya tomado y completado una acción hacia este tema.

¿Eres más adicto a la idea o a la implementación?
Tus pensamientos de poder son una inversión en tu yo futuro.

_____

_____

_____

_____

_____

_____

_____

_____

CATORCE

La excelencia humana es un estado de ánimo.

Sócrates

Al recordar los últimos 7 días, ¿en qué estados mentales se describiría usted la mayor parte del tiempo?

A medida que evaluamos de manera abstracta los diversos estados mentales en los que nos encontramos, ¿cuántos de ellos son intencionales y cuántos pueden ser un mero defecto basado en el entorno, las circunstancias o aquellos con quienes nos relacionamos?

En esencia, la excelencia es una ELECCIÓN. Podemos ELEGIR despertarnos con una actitud y un compromiso para vivir de manera excelente, hacer un trabajo excelente y ver el mundo de una manera excelente.

La otra opción es permitirnos vagar por nuestros días y, en el mejor de los casos, simplemente "esperar" lo mejor.

Simplemente porque ¿por qué elegiríamos no hacerlo? ¿Cómo podemos DECIDIR con más frecuencia poner nuestro estado mental en un nivel de excelencia a medida que avanzamos hacia nuestro Potencial Superior y nuestra aspiración diaria de ser lo mejor que podamos en ese momento?

¿Qué aprendiste de este Pensamiento de Poder?

¿Qué vas a hacer para involucrarte con este pensamiento, desafío o tema durante la semana?

ELÉVAR

Tómese el tiempo para documentar sus pensamientos y lo que está observando en torno a este tema o desafío. Recuerde que llevar un diario es para usted, lo que necesita para extraer, documentar, aplicar y crecer.

☐ Marque esta casilla cuando haya tomado y completado una acción hacia este tema.

¿Eres más adicto a la idea o a la implementación?
Tus pensamientos de poder son una inversión en tu yo futuro.

_____

_____

_____

_____

_____

_____

_____

_____

_____

_____

QUINCE

Nunca deberías estar satisfecho. Feliz, pero no satisfecho. La insatisfacción es un estado creativo. Te sacó de la cueva y te metió en el condominio. Te dio la rueda, el fax y el horno. La insatisfacción nos dio a ti y a mí un estilo de vida que es la envidia del mundo. Desarrolla una sana insatisfacción con tu vida. Fíjese nuevas metas, metas grandes y emocionantes. Luego, propóngase lograrlos con el mismo entusiasmo que un niño pequeño. A eso se le llama vivir. Todo lo demás está muriendo.

Bob Proctor

¿En qué parte de tu vida te sientes insatisfecho actualmente?

Es sorprendente cuán contrariamente la sociedad quiere ver y abordar este punto de vista en torno a la insatisfacción. Sin embargo, la mayor parte del mundo no es realmente feliz, sino más bien adicto a lo "suficientemente bueno" y está abandonando sus objetivos. aspiraciones de sus sueños, sólo los que tenemos cuando dormimos.

¿Qué significa para ti estar verdaderamente "VIVO"?

En nuestra honestidad interior, sabemos que no hay un camino fácil hacia nuestro nivel más alto de satisfacción en la vida. No sólo estemos de acuerdo con la visión de la insatisfacción, sino que aceptémosla para aprovechar el combustible que nos brinda.

¿Cómo puedes empezar a cerrar las brechas en torno a un área de insatisfacción a medida que avanzas hacia tu Potencial Superior?

¿Qué aprendiste de este Pensamiento de Poder?

¿Qué vas a hacer para involucrarte con este pensamiento, desafío o tema durante la semana?

ELÉVAR

Tómese el tiempo para documentar sus pensamientos y lo que está observando en torno a este tema o desafío. Recuerde que llevar un diario es para usted, lo que necesita para extraer, documentar, aplicar y crecer.

☐ Marque esta casilla cuando haya tomado y completado una acción hacia este tema.

¿Eres más adicto a la idea o a la implementación?
Tus pensamientos de poder son una inversión en tu yo futuro.

_____

_____

_____

_____

_____

_____

_____

_____

_____

DIECISÉIS

Si uno avanza con confianza en la dirección de sus sueños y se esfuerza por vivir la vida que ha imaginado, encontrará un éxito inesperado en las horas comunes.

Henry David Thoreau

¿Tiene CONFIANZA en la búsqueda de una vida bien vivida?

Es una pregunta tan tremenda que, lamentablemente, la mayoría de la gente ni siquiera se plantea una pregunta de seguimiento: ¿por qué no?

Dejemos de lado por el momento el intento de descubrir TODOS los detalles, el intento de crear los planos maestros o el desarrollo del folleto paso a paso para lograr el éxito en nuestras vidas. En lugar de ello, tomemos la determinación de simplemente actuar.

Sea lo que sea con lo que soñamos por la noche para nuestras vidas, ese anhelo de una vida que sentimos en lo más profundo de nosotros que es posible, despertémonos con un fuego para dar pasos hacia nuestro Potencial Superior, conformarnos con nada menos que el progreso.

¿Qué paso darás hoy?

¿Qué aprendiste de este Pensamiento de Poder?

¿Qué vas a hacer para involucrarte con este pensamiento, desafío o tema durante la semana?

ELÉVAR

Tómese el tiempo para documentar sus pensamientos y lo que está observando en torno a este tema o desafío. Recuerde que llevar un diario es para usted, lo que necesita para extraer, documentar, aplicar y crecer.

☐ Marque esta casilla cuando haya tomado y completado una acción hacia este tema.

¿Eres más adicto a la idea o a la implementación?
Tus pensamientos de poder son una inversión en tu yo futuro.

_____

_____

_____

_____

_____

_____

_____

_____

_____

DIECISIETE

Si un hombre vacía su bolsa en su cabeza, nadie podrá quitársela. Una inversión en conocimiento siempre produce el mejor interés.

Benjamin Franklin

Autoevaluación: ¿Cuánto has invertido en ti mismo durante los últimos 12 meses?

¿Cómo se compara eso con otras áreas de ocio o entretenimiento, como nuestros servicios de cable/streaming, el consumo innecesario de adultos (alcohol, diversión)?

Por supuesto, la vida debe tener un equilibrio apropiado, pero ¿nuestra vida realmente refleja un equilibrio hoy cuando comparamos estos dos?

No es ningún secreto que las personas más exitosas del planeta tienen la característica común de invertir en sí mismas exponencialmente más que el promedio. Tanto desde el punto de vista temporal como económico. En pocas palabras, saben que vale la pena la inversión y, por lo tanto, tratan apropiadamente a sus mentes como su mayor activo.

¿Cómo puedes comenzar a elévar tu nivel de inversión intencional en ti mismo en tu viaje para desbloquear tu potencial superior ilimitado?

¿Qué aprendiste de este Pensamiento de Poder?

¿Qué vas a hacer para involucrarte con este pensamiento, desafío o tema durante la semana?

ELÉVAR

Tómese el tiempo para documentar sus pensamientos y lo que está observando en torno a este tema o desafío. Recuerde que llevar un diario es para usted, lo que necesita para extraer, documentar, aplicar y crecer.

☐ Marque esta casilla cuando haya tomado y completado una acción hacia este tema.

¿Eres más adicto a la idea o a la implementación?
Tus pensamientos de poder son una inversión en tu yo futuro.

_____

_____

_____

_____

_____

_____

_____

_____

_____

DIECIOCHO

No se puede encontrar ninguna pasión jugando a lo pequeño, conformándose con una vida que es menos de la que uno es capaz de vivir.

Nelson Mandela

¿Estás participando activamente en tu máximo potencial?

¿No sólo en general como un agregado global de tu vida, sino en los momentos diseccionados de tu semana? En una tarde normal de un día laborable, ¿te encontrarías 100% comprometido y comprometido con la tarea que tienes entre manos?

Para la mayoría de nosotros, no tenemos que mirar más allá del desglose del uso de nuestro teléfono para resaltarnos, como mínimo, un punto de partida donde podemos redistribuir el tiempo, la energía y la atención hacia nosotros mismos y nuestro potencial. .

Si realmente queremos vivir la vida a la que nuestro yo superior nos llama, una vida llena de plenitud y satisfacción profundas y ricas, será necesario un compromiso para afrontar la situación y no conformarnos con el camino fácil o cómodo. En ninguna parte de la historia hemos encontrado a una persona que haya logrado algo de admirable sustancia que no requiriera un sacrificio incómodo.

¿Cuál es un área en la que puedes mirar hacia adentro y reconocer que no has estado jugando al máximo y cómo puedes involucrarte a un nivel elevado a medida que avanzas hacia tu Potencial Superior?

¿Qué aprendiste de este Pensamiento de Poder?

¿Qué vas a hacer para involucrarte con este pensamiento, desafío o tema durante la semana?

ELÉVAR

Tómese el tiempo para documentar sus pensamientos y lo que está observando en torno a este tema o desafío. Recuerde que llevar un diario es para usted, lo que necesita para extraer, documentar, aplicar y crecer.

☐ Marque esta casilla cuando haya tomado y completado una acción hacia este tema.

¿Eres más adicto a la idea o a la implementación?
Tus pensamientos de poder son una inversión en tu yo futuro.

_____

_____

_____

_____

_____

_____

_____

_____

_____

DIECINUEVE

La mayoría de las ideas todavía nacen y necesitan que se les inyecte aliento de vida a través de planes definidos de acción inmediata. El momento de alimentar una idea es el momento de su nacimiento. Cada minuto que vive le da más posibilidades de sobrevivir.

Napoleon Hill

¿Cuántas ideas nunca hemos hecho realidad porque no pudimos darles vida a través de la acción?

Dado que una persona promedio tiene alrededor de 60.000 pensamientos al día, nunca será una escasez de ideas lo que nos mantenga estancados en la vida. Es la falta de voluntad y perseverancia para llevar esa idea a la acción.

¿Cómo puede comenzar a capturar ideas que valga la pena seguir? ¿Cuál es su proceso o cómo podría mejorar su proceso de convertir esas ideas en acción? ¿Cómo puedes desarrollar aún más tu persistencia en ver estas ideas en su totalidad?

Las ideas por sí solas son verdaderamente inútiles. Inspirémonos para cultivar este fenomenal proceso de creación que comienza con una idea.

¿Qué aprendiste de este Pensamiento de Poder?

¿Qué vas a hacer para involucrarte con este pensamiento, desafío o tema durante la semana?

ELÉVAR

Tómese el tiempo para documentar sus pensamientos y lo que está observando en torno a este tema o desafío. Recuerde que llevar un diario es para usted, lo que necesita para extraer, documentar, aplicar y crecer.

☐ Marque esta casilla cuando haya tomado y completado una acción hacia este tema.

¿Eres más adicto a la idea o a la implementación?
Tus pensamientos de poder son una inversión en tu yo futuro.

_____

_____

_____

_____

_____

_____

_____

_____

_____

_____

VEINTE

El predictor número uno del bienestar no es el dinero ni el prestigio, ni el éxito ni los elogios, sino el tiempo que pasamos con las personas que nos importan y que se preocupan por nosotros.

Tal Ben-Shahar

En un mundo donde nos venden que obtener más y trabajar más duro son las claves de una buena vida, es importante examinar verdaderamente las vidas de aquellos que tienen eso como su único enfoque y luego reflexionar: ¿Es esa realmente la vida que quiero? ¿desear?

De ninguna manera debemos intentar dejar estas cosas necesariamente fuera de la ecuación, sino más bien asegurarnos de que nuestras vidas estén diseñadas con una intención basada en la vida que realmente deseamos vivir.

Saber que el predictor número uno de una vida bien vivida está ligado a la calidad de nuestras relaciones, esto debería alentarnos a asegurarnos de que esto sea, como mínimo, uno de los principales objetivos de nuestra lista de prioridades.

¿Cómo sería/podría ser pasar más tiempo de calidad con aquellos que más te importan y que también se preocupan por ti? Ponte a prueba para incluir este tema de discusión con ellos para que haya un enfoque elevado y mutuo en obtener aún más valor de la relación y agregar intencionalidad a tus interacciones.

¿Qué aprendiste de este Pensamiento de Poder?

¿Qué vas a hacer para involucrarte con este pensamiento, desafío o tema durante la semana?

ELÉVAR

Tómese el tiempo para documentar sus pensamientos y lo que está observando en torno a este tema o desafío. Recuerde que llevar un diario es para usted, lo que necesita para extraer, documentar, aplicar y crecer.

☐ Marque esta casilla cuando haya tomado y completado una acción hacia este tema.

¿Eres más adicto a la idea o a la implementación?
Tus pensamientos de poder son una inversión en tu yo futuro.

_____

_____

_____

_____

_____

_____

_____

_____

_____

_____

VEINTIUNO

Ve tan lejos como puedas ver. Cuando llegues allí, podrás ver más.

J.P. Morgan

¿Cuál es el alcance de su visión actual para su vida?

Probablemente más importante que esta pregunta es ¿estás corriendo activamente hacia el pico más alto que puedes ver actualmente?

Dado que la mayor parte de la sociedad se ha conformado con lo "suficientemente bueno", es fácil ver por qué muy pocas personas persiguen activamente sus sueños, si es que tienen alguno.

Si echamos un breve vistazo a nuestra vida actual, lo más probable es que podamos identificar cosas que hemos logrado o logrado y que en un momento consideraríamos como el pico más alto desde un punto de vista anterior.

Miremos hacia adelante con aún mayor ambición y fe en lo que es posible en el horizonte que tenemos ante nosotros.

¿Cómo puedes acelerar el ritmo para perseguir esa visión más elevada que actualmente puedes tener? ¿Cómo puedes reforzar la creencia y saber que te espera algo aún mejor al otro lado de esa cima?

¿Qué aprendiste de este Pensamiento de Poder?

¿Qué vas a hacer para involucrarte con este pensamiento, desafío o tema durante la semana?

ELÉVAR

Tómese el tiempo para documentar sus pensamientos y lo que está observando en torno a este tema o desafío. Recuerde que llevar un diario es para usted, lo que necesita para extraer, documentar, aplicar y crecer.

☐ Marque esta casilla cuando haya tomado y completado una acción hacia este tema.

¿Eres más adicto a la idea o a la implementación?
Tus pensamientos de poder son una inversión en tu yo futuro.

_____

_____

_____

_____

_____

_____

_____

_____

_____

_____

VEINTIDÓS

La mente no es un recipiente que hay que llenar sino un
fuego que hay que encender.

Bob Proctor

¿Qué fuego o pasión estás encendiendo actualmente en tu vida?

Para empezar, quienes participan activamente en invertir en sí mismos se encuentran entre la minoría de la sociedad. Sin embargo, aún menor es el número de personas que intencionalmente despiertan esa pasión o deseo en su vida y, por lo tanto, consciente o inconscientemente han aceptado la vida simplemente como es.

Lo interesante es que podemos reconocer rápidamente en aquellos que consideramos exitosos o que viven la vida al máximo que algo en común es que parecen estar en llamas por la vida. Esto sólo viene a través de agitar aquellas cosas dentro de nosotros que creemos que son más importantes en nuestras vidas.

¿Cómo puedes identificar primero aquellas cosas que son más importantes para ti? En segundo lugar, ¿cómo puedes agitar esas brasas de ese fuego de manera más constante para mantener la llama encendida a un nivel que no sólo afecte tu vida, sino que también proporcione esa luz a los demás?

¿Qué aprendiste de este Pensamiento de Poder?

¿Qué vas a hacer para involucrarte con este pensamiento, desafío o tema durante la semana?

ELÉVAR

Tómese el tiempo para documentar sus pensamientos y lo que está observando en torno a este tema o desafío. Recuerde que llevar un diario es para usted, lo que necesita para extraer, documentar, aplicar y crecer.

☐ Marque esta casilla cuando haya tomado y completado una acción hacia este tema.

¿Eres más adicto a la idea o a la implementación?
Tus pensamientos de poder son una inversión en tu yo futuro.

_____

_____

_____

_____

_____

_____

_____

_____

_____

_____

VEINTITRÉS

Disciplina es igual a libertad.
Jacko Willink

¿Cuál es su asociación personal con la palabra disciplina?

Durante la mayor parte de nuestras vidas, ha habido una relación tan negativa con la disciplina que no es de extrañar que tanta gente huya de la palabra o quiera tener algo que ver con ella.

Sin embargo, cuando examinamos las áreas de nuestras vidas en las que sabemos que no estamos donde nos gustaría estar, la raíz de casi todas ellas es que nos falta autodisciplina en diversos grados.

Si realmente queremos la libertad de ELEGIR la vida que deseamos, debemos abrazar y participar en la disciplina. Cambiemos la perspectiva de algo negativo al puente necesario para llegar a la vida que queremos.

¿Dónde puedes empezar a alcanzar un nivel elevado de autodisciplina?

¿Qué aprendiste de este Pensamiento de Poder?

¿Qué vas a hacer para involucrarte con este pensamiento, desafío o tema durante la semana?

ELÉVAR

Tómese el tiempo para documentar sus pensamientos y lo que está observando en torno a este tema o desafío. Recuerde que llevar un diario es para usted, lo que necesita para extraer, documentar, aplicar y crecer.

☐ Marque esta casilla cuando haya tomado y completado una acción hacia este tema.

¿Eres más adicto a la idea o a la implementación?
Tus pensamientos de poder son una inversión en tu yo futuro.

_____

_____

_____

_____

_____

_____

_____

_____

_____

_____

VEINTICUATRO

El entusiasmo es común. La resistencia es rara.

Angela Duckworth

¿Por qué no vemos a más hacedores completando las "cosas difíciles"?

Una gran parte es que es sólo eso, difícil.

Todo el mundo encuentra esos momentos en su vida en los que tiene una buena idea e incluso muchos encuentran el entusiasmo para empezar. Sin embargo, las estadísticas muestran claramente que la mayoría de los intentos fracasan.

Vemos lo mismo cada enero con el mantra de "Año nuevo, ¡nuevo yo!", solo para descubrir que los mismos hábitos incorporados al nuevo año equivalen al mismo tú.

El verdadero separador comienza desde el principio con aquellos que tienen una mentalidad de "hasta". Trabajos no realizados "hasta" que haya terminado o logrado mi objetivo. Es fundamental tener esto claro para estar preparado mentalmente para superar los obstáculos conocidos y desconocidos.

Una vez que realmente hayamos establecido que algo vale la pena, fijémonos en nuestra mentalidad para terminar todo el camino "hasta" llegar allí.

¿Cómo y dónde puedes empezar a convertir tu entusiasmo en resistencia para ser conocido como una persona que cumple su palabra, empezando por sí mismo y termina todo lo que se propone lograr?

¿Qué aprendiste de este Pensamiento de Poder?

¿Qué vas a hacer para involucrarte con este pensamiento, desafío o tema durante la semana?

ELÉVAR

Tómese el tiempo para documentar sus pensamientos y lo que está observando en torno a este tema o desafío. Recuerde que llevar un diario es para usted, lo que necesita para extraer, documentar, aplicar y crecer.

☐ Marque esta casilla cuando haya tomado y completado una acción hacia este tema.

¿Eres más adicto a la idea o a la implementación?
Tus pensamientos de poder son una inversión en tu yo futuro.

_____

_____

_____

_____

_____

_____

_____

_____

_____

_____

VEINTICINCO

Las personas no deciden su futuro, deciden sus hábitos y sus hábitos deciden su futuro.

F.M. Alexander

¿Qué hábitos señalarías que has diseñado intencionalmente para ayudarte a llegar a donde estás hoy?

Para algunos de nosotros, podríamos encontrar algunos hábitos que pueden encajar en esta descripción y ayudarnos a llegar a este punto actual de la vida. Sin embargo, casi todos todavía tenemos mucho espacio para oportunidades cuando se trata de desarrollar hábitos.

Al analizar las vidas de las personas más exitosas del mundo, resulta fácil ver cuánto de su vida ha sido diseñada con intención a través de los hábitos que construyen.

Dado el hecho de que a nuestro cerebro le ENCANTAN los hábitos porque una vez que un comportamiento se convierte en hábito ya no tiene que usar tanta energía para que realicemos la actividad, ¿no deberíamos tomar nota y poner más atención en desarrollar más hábitos que nos establezcan? ¿Un camino hacia "nuestra" versión del éxito?

¿Cuáles son algunos de los hábitos que sabes que ayudarían a tu próxima versión y cuáles son algunos detalles sobre cómo puedes comenzar y seguir hasta que se solidifique como parte de tu rutina?

¿Qué aprendiste de este Pensamiento de Poder?

¿Qué vas a hacer para involucrarte con este pensamiento, desafío o tema durante la semana?

ELÉVAR

Tómese el tiempo para documentar sus pensamientos y lo que está observando en torno a este tema o desafío. Recuerde que llevar un diario es para usted, lo que necesita para extraer, documentar, aplicar y crecer.

☐ Marque esta casilla cuando haya tomado y completado una acción hacia este tema.

¿Eres más adicto a la idea o a la implementación?
Tus pensamientos de poder son una inversión en tu yo futuro.

_____

_____

_____

_____

_____

_____

_____

_____

_____

_____

VEINTISEIS

No estropees lo que tienes deseando lo que no tienes;
Recuerda que lo que ahora tienes estuvo alguna vez entre las
cosas que solo esperabas.

Epicurus

¿Qué parte(s) de tu vida que estás viviendo actualmente alguna vez fue solo un sueño o un deseo?

La mayoría de nosotros no hacemos esto con suficiente frecuencia para recordar lo lejos que hemos llegado o en qué medida esta versión actual de nuestra vida es una bendición.

Por supuesto, nunca debemos dejar de aspirar a más o de crear el siguiente nivel de nuestra vida que sea adecuado para nosotros; sin embargo, no nos centremos tanto en el futuro como para no sentirnos verdaderamente agradecidos por dónde nos encontramos en este momento.

Tener esta perspectiva elevada nos ayudará a evitar perdernos la belleza y la bendición de lo que tenemos en el ahora.

¿Tómese el tiempo para reflexionar sobre las áreas de su vida que alguna vez solo esperaba pero que ahora son una realidad? ¿Cómo se puede aprovechar esto para mirar hacia adelante con mayor confianza en que las cosas que se esperan en el futuro también algún día se harán realidad?

¿Qué aprendiste de este Pensamiento de Poder?

¿Qué vas a hacer para involucrarte con este pensamiento, desafío o tema durante la semana?

ELÉVAR

Tómese el tiempo para documentar sus pensamientos y lo que está observando en torno a este tema o desafío. Recuerde que llevar un diario es para usted, lo que necesita para extraer, documentar, aplicar y crecer.

☐ Marque esta casilla cuando haya tomado y completado una acción hacia este tema.

¿Eres más adicto a la idea o a la implementación?
Tus pensamientos de poder son una inversión en tu yo futuro.

_____

_____

_____

_____

_____

_____

_____

_____

_____

VEINTISIETE

La felicidad es el significado y el propósito de la vida, el objetivo y el fin de la existencia humana.

Aristotle

¿Cuál describirías que es el propósito de tu vida?

Innumerables estudios demuestran que la mayoría de las personas no saben cuál es su propósito. Parte de la consecuencia de sentirse sin propósito es conformarse o simplemente aceptar la vida "tal como es".

No lleva mucho tiempo señalar y/o descubrir cuán dañina es esta mentalidad. Es la raíz de por qué tantas personas se han conformado con sólo una versión de lo que podría ser su vida.

Para ser claros, esto va más allá del nivel superficial o de la felicidad temporal. Esto profundiza en por qué realmente buscamos las cosas que conmueven nuestra alma. Cuando la felicidad se convierta en el objetivo, comenzaremos a cambiar y dar forma a nuestras vidas de una manera que eleve el mundo que nos rodea porque primero nos estamos elevando a nosotros mismos.

¿Cómo puedes primero dedicar tiempo a identificar y descubrir las cosas que realmente te hacen feliz y luego dar más pasos de acción necesarios para llegar allí en tu vida?

¿Qué aprendiste de este Pensamiento de Poder?

¿Qué vas a hacer para involucrarte con este pensamiento, desafío o tema durante la semana?

ELÉVAR

Tómese el tiempo para documentar sus pensamientos y lo que está observando en torno a este tema o desafío. Recuerde que llevar un diario es para usted, lo que necesita para extraer, documentar, aplicar y crecer.

☐ Marque esta casilla cuando haya tomado y completado una acción hacia este tema.

¿Eres más adicto a la idea o a la implementación?
Tus pensamientos de poder son una inversión en tu yo futuro.

_____

_____

_____

_____

_____

_____

_____

_____

_____

_____

VEINTIOCHO

*Para crear magia en el mundo, concéntrate en la magia que
hay dentro de ti. Mírate en el espejo. Tu relación contigo
predice tu relación con el mundo. Recuerda que tienes un
anhelo primitivo de silencio y soledad, y que es en la quietud
donde surge la autoconciencia.*

Robin Sharma

¿Cuánto disfrutas pasar tiempo a solas contigo mismo?

Para la mayoría de nosotros, puede ser una experiencia incómoda pasar tiempo genuino y de calidad con uno mismo dentro de su propia mente. Sin embargo, ahí es donde se encuentra la verdadera alegría, felicidad y éxito.

Especialmente en una época en la que las distracciones y la atracción de nuestra atención están en todas partes y son constantes, aprender a alejarnos e ir hacia adentro de manera efectiva es esa magia que seguirá siendo el camino de separación de vivir nuestras vidas según el diseño versus el afecto. al mundo que nos rodea.

¿Cómo podrías comenzar o mejorar el tiempo que dedicas a ti mismo a propósito y con intención?

¿Qué aprendiste de este Pensamiento de Poder?

**¿Qué vas a hacer para involucrarte con este
pensamiento, desafío o tema durante la semana?**

ELÉVAR

Tómese el tiempo para documentar sus pensamientos y lo que está observando en torno a este tema o desafío. Recuerde que llevar un diario es para usted, lo que necesita para extraer, documentar, aplicar y crecer.

☐ Marque esta casilla cuando haya tomado y completado una acción hacia este tema.

**¿Eres más adicto a la idea o a la implementación?
Tus pensamientos de poder son una inversión en tu yo futuro.**

_____

_____

_____

_____

_____

_____

_____

_____

_____

VEINTINUEVE

Cuando reflexiones sobre tu vida, pregúntate si realmente la elegiste.

Desconocido

Qué pregunta tan FENOMENAL... ¿ELEGiste "esta" vida que estás viviendo actualmente?

Como somos honestos con nosotros mismos, lo más probable es que hayamos elegido algunas partes, pero la mayoría de las veces ha surgido como un subproducto de la vida puesta en marcha desde los 0 a los 18 años de vida.

Esto de ninguna manera es una exención de responsabilidad, sino más bien un claro reconocimiento de que si estamos en el camino de vivir nuestra MEJOR VIDA, deberíamos hacer una pausa importante para evaluar por qué no y, lo que es más importante, qué se necesita para lograrlo.

En un mundo donde tenemos un mayor nivel de libertad personal, aprovechémosla al máximo y participemos en las actividades y la atención plena para avanzar con confianza en el camino hacia cualquier versión de vivir nuestra mejor vida.

¿Por qué no?

¿Qué aprendiste de este Pensamiento de Poder?

¿Qué vas a hacer para involucrarte con este pensamiento, desafío o tema durante la semana?

ELÉVAR

Tómese el tiempo para documentar sus pensamientos y lo que está observando en torno a este tema o desafío. Recuerde que llevar un diario es para usted, lo que necesita para extraer, documentar, aplicar y crecer.

☐ Marque esta casilla cuando haya tomado y completado una acción hacia este tema.

¿Eres más adicto a la idea o a la implementación?
Tus pensamientos de poder son una inversión en tu yo futuro.

_____

_____

_____

_____

_____

_____

_____

_____

_____

_____

TREINTA

Lo que somos hoy proviene de nuestros pensamientos de ayer, y nuestros pensamientos presentes construyen nuestra vida mañana: nuestra vida es la creación de nuestra mente.

Buddha

¿Con qué frecuencia eres conscientemente intencional en lo que estás pensando?

Al mirar hacia atrás en nuestra vida, si somos transparentes con nosotros mismos, rápidamente veremos que nuestras circunstancias actuales de alguna manera fueron provocadas por los pensamientos o patrones de pensamiento de nuestro pasado.

El punto más importante en "este" momento es ¿estamos permitiendo que nuestros pensamientos sigan siendo los mismos o estamos comenzando a elévarlos para imitar los resultados del futuro en el que nos gustaría entrar?

A medida que nos volvemos cada vez más responsables de la vida que estamos creando activamente, ¿cómo podemos empezar a soñar en grande y más amplio sabiendo que nuestras vidas realmente se desarrollan en función de lo que pensamos la mayor parte del tiempo?

¿Qué aprendiste de este Pensamiento de Poder?

¿Qué vas a hacer para involucrarte con este pensamiento, desafío o tema durante la semana?

ELÉVAR

Tómese el tiempo para documentar sus pensamientos y lo que está observando en torno a este tema o desafío. Recuerde que llevar un diario es para usted, lo que necesita para extraer, documentar, aplicar y crecer.

☐ Marque esta casilla cuando haya tomado y completado una acción hacia este tema.

¿Eres más adicto a la idea o a la implementación?
Tus pensamientos de poder son una inversión en tu yo futuro.

_____

_____

_____

_____

_____

_____

_____

_____

_____

_____

TREINTA Y UNO

Sólo aquellos que se dedican a una causa con todas sus fuerzas y alma pueden ser verdaderos maestros. Por esta razón, la maestría exige todo de una persona.

Albert Einstein

¿A qué nos estamos entregando por completo?

En una época en la que estamos mayoritariamente "interesados" en las cosas y vemos una tremenda falta de compromiso, es fácil ver por qué la mediocridad está tan extendida.

La buena noticia es que aquellos que encuentren la manera comprobada y verdadera de alcanzar el éxito (éxito definido como la realización progresiva de un ideal digno), encontraremos en nuestro camino el siguiente paso correcto que se revela.

¿En qué pocas cosas podrías empezar a fijarte para dominarlas? ¿Cómo podrías elévarte y comenzar a dedicar más de ti mismo a este objetivo?

Incluso si no es nuestro destino alcanzar el final de ese dominio sobre esas cosas en particular, es el proceso de llegar a ser el que puede aplicarse universalmente y nos llevará a una vida más plena.

¿Qué aprendiste de este Pensamiento de Poder?

¿Qué vas a hacer para involucrarte con este pensamiento, desafío o tema durante la semana?

ELÉVAR

Tómese el tiempo para documentar sus pensamientos y lo que está observando en torno a este tema o desafío. Recuerde que llevar un diario es para usted, lo que necesita para extraer, documentar, aplicar y crecer.

☐ Marque esta casilla cuando haya tomado y completado una acción hacia este tema.

¿Eres más adicto a la idea o a la implementación?
Tus pensamientos de poder son una inversión en tu yo futuro.

_____

_____

_____

_____

_____

_____

_____

_____

_____

_____

TREINTA Y DOS

¡No más excusas! Hazlo o no lo hagas, pero no pongas
excusas. Deja de usar tu increíble cerebro para pensar
en elaboradas racionalizaciones y justificaciones para no
actuar. Hacer algo. Hacer nada. ¡Manos a la obra! Repítete
a ti mismo; si así es, ¡depende de mí! Los perdedores ponen
excusas; los ganadores progresan.

Brian Tracy

Como tan sabiamente había dicho Mark Twain: "Hay 1.000 excusas para el fracaso, pero nunca una buena razón".

Nuestra honestidad interior nos revela cuánto le encanta a nuestro cerebro inventar excusas y es comprensible por qué: no queremos sentirnos peor de lo necesario por no haber cumplido... ¡otra vez!

Sin embargo, seamos desafiados en otro grado. Revise las últimas cosas que no logró lograr. ¿Cuáles son los costos de oportunidad o qué se ha perdido al no lograrlo? ¿Quién en su esfera de impacto e influencia no se benefició de que usted no cumpliera?

Para la mayoría de nosotros, es fácil decepcionarnos porque lo hemos hecho innumerables veces en nuestras vidas. Sin embargo, para que podamos forjar un camino eficaz que elimine las excusas y avance para lograr que las cosas se hagan, necesitaremos aprovechar un nivel más profundo de por qué es importante seguir adelante cuando no tenemos ganas de hacerlo. ¡Aprovechemos lo que se dice en esta semilla para ser ese ganador que aspira a progresar!

¿Cómo puedes elévar tu mentalidad para dejar de poner excusas y concentrarte en lograr un progreso constante en las áreas que llevarán tu vida al siguiente nivel?

¿Qué aprendiste de este Pensamiento de Poder?

¿Qué vas a hacer para involucrarte con este pensamiento, desafío o tema durante la semana?

ELÉVAR

Tómese el tiempo para documentar sus pensamientos y lo que está observando en torno a este tema o desafío. Recuerde que llevar un diario es para usted, lo que necesita para extraer, documentar, aplicar y crecer.

☐ Marque esta casilla cuando haya tomado y completado una acción hacia este tema.

¿Eres más adicto a la idea o a la implementación?
Tus pensamientos de poder son una inversión en tu yo futuro.

_____

_____

_____

_____

_____

_____

_____

_____

_____

_____

TREINTA Y TRES

Top people are those who are more concerned with activities that are goal achieving, whereas average people are more concerned with activities that are more tension relieving.

Dennis Waitley

El éxito no es un secreto.

La información de un sinfín de personas que han triunfado en la vida y que admiramos está disponible para que cualquiera la estudie si así lo desea.

De este modo se podría llegar a la conclusión de que un factor importante para el éxito es hacia dónde se dirigen nuestras actividades y con qué finalidad.

Es comprensible con la abundancia de factores estresantes en nuestras vidas cómo

uno puede realizar actividades que le ayuden a aliviar las cosas que está experimentando en el momento. Sin embargo, si realmente queremos vivir una vida según el diseño y la intención en lugar de ser víctimas de circunstancias externas, debemos tomar la decisión de modificar nuestras actividades.

¿Cuáles son algunas actividades que puede comenzar o cuáles podría mejorar para ayudarlo a acercarse a sus metas, sueños y deseos?

ELIJAMOS continuar reevaluando dónde gastamos nuestro tiempo y energía y, al hacerlo, seamos cada vez más conscientes de cómo son el principal contribuyente del futuro en el que nos encontraremos.

¿Qué aprendiste de este Pensamiento de Poder?

¿Qué vas a hacer para involucrarte con este pensamiento, desafío o tema durante la semana?

ELÉVAR

Tómese el tiempo para documentar sus pensamientos y lo que está observando en torno a este tema o desafío. Recuerde que llevar un diario es para usted, lo que necesita para extraer, documentar, aplicar y crecer.

☐ Marque esta casilla cuando haya tomado y completado una acción hacia este tema.

¿Eres más adicto a la idea o a la implementación?
Tus pensamientos de poder son una inversión en tu yo futuro.

_____

_____

_____

_____

_____

_____

_____

_____

_____

_____

TREINTA Y CUATRO

Recordar el por qué detrás de tus acciones te mantiene con los pies en la tierra y te da el combustible para superar las dificultades.

Peter Hollins

¿Qué te impulsa a tener éxito en la vida?

Probablemente una mejor pregunta sea: ¿está realmente motivado para tener éxito en la vida? Dado que la mayoría de las personas no tienen su propia definición personal y personalizada de éxito, resulta fácil ver por qué tantas personas dejan de aspirar a cualquier apariencia de éxito y se han adaptado a lo "suficientemente bueno".

La realidad es que cualquier cosa que valga la pena tener en la vida requerirá cierto nivel de trabajo duro para lograrlo. Al saber esto, surge la pregunta: ¿qué es lo que realmente nos impulsa?

Más allá de las respuestas superficiales, deberíamos desafiarnos a preguntarnos si esas cosas son realmente combustible para nosotros, ¿qué tan bueno es ese combustible para impulsarte a hacer las cosas difíciles cuando es necesario seguir avanzando hacia ellas?

Las dificultades son una garantía en el camino hacia cualquier meta, éxito o una vida con verdadera intención. Sabiendo y aceptando esto, no nos sorprendamos y estemos preparados para ser vencedores versus víctimas cuando surjan.

¿Cómo puedes profundizar y extraer más combustible del por qué detrás de tu impulso? ¿Cómo podrías aumentar tu compromiso diario con ese porqué para asegurarte de tener suficiente energía ese día para hacer lo que sea necesario en este momento?

¡Sigue explorando y ampliando esto y permite que las cosas que realmente más te importan en la vida sean aquello a lo que puedas agarrarte cuando lo necesites porque todos lo necesitamos!

¿Qué aprendiste de este Pensamiento de Poder?

¿Qué vas a hacer para involucrarte con este pensamiento, desafío o tema durante la semana?

ELÉVAR

Tómese el tiempo para documentar sus pensamientos y lo que está observando en torno a este tema o desafío. Recuerde que llevar un diario es para usted, lo que necesita para extraer, documentar, aplicar y crecer.

☐ Marque esta casilla cuando haya tomado y completado una acción hacia este tema.

¿Eres más adicto a la idea o a la implementación?
Tus pensamientos de poder son una inversión en tu yo futuro.

_____

_____

_____

_____

_____

_____

_____

_____

_____

_____

TREINTA Y CINCO

La única persona en la que estás destinado a convertirte es en la persona que decidir ser.

Ralph Waldo Emerson

¿Quién has decidido ser en la vida?

La pregunta mejor o precursora para la mayoría probablemente debería ser: ¿has decidido quién quieres ser en la vida?

Si podemos salir de nosotros mismos en el momento y examinar la línea de tiempo de nuestra vida, será fácil darnos cuenta de cuánto de nuestra vida pasó simplemente por estar en ciertos entornos y estar rodeado de otras personas.

Por nuestra propia naturaleza, imitamos a las máquinas. Nos adaptamos a las personas y los entornos en los que nos encontramos, en su mayoría sin saberlo. Pensamos y creemos que tenemos el poder de elegir, pero al ver nuestra vida desde esta perspectiva de línea de tiempo, podemos ver rápidamente cuántas de esas elecciones fueron un subproducto de nuestro entorno.

A medida que continúa avanzando en su vida, ¿cómo puede comenzar a salir de su forma habitual de pensar y hacer las cosas para asegurarse de que realmente está dirigiendo sus pensamientos y acciones hacia la vida que desea?

Mientras hace esto, asegúrese de dedicar tiempo a pensar y soñar con la vida que desea y la persona en esa visión que tendría que ser para vivir ese tipo de vida. Esto es convertirte en el dueño de tu destino.

¿Qué aprendiste de este Pensamiento de Poder?

¿Qué vas a hacer para involucrarte con este pensamiento, desafío o tema durante la semana?

ELÉVAR

Tómese el tiempo para documentar sus pensamientos y lo que está observando en torno a este tema o desafío. Recuerde que llevar un diario es para usted, lo que necesita para extraer, documentar, aplicar y crecer.

☐ Marque esta casilla cuando haya tomado y completado una acción hacia este tema.

¿Eres más adicto a la idea o a la implementación?
Tus pensamientos de poder son una inversión en tu yo futuro.

_____

_____

_____

_____

_____

_____

_____

_____

_____

_____

TREINTA Y SEIS

La gran tragedia de la vida no es la muerte sino lo que permitimos morir dentro de nosotros mientras vivimos.

Norman Cousins

¿Estás realmente viviendo?

Si alguien te siguiera durante una semana entera, ¿cómo describiría nuestra vida basándose en las cosas que ha presenciado?

Ya sea su felicidad general, su energía positiva y buena, o su nivel de compromiso, ¿qué partes de nuestra forma de vivir diariamente/semanalmente se viven intencionalmente en el momento con un propósito?

No lleva mucho tiempo reconocer que justificar y vivir "suficientemente bien" está sucediendo a nuestro alrededor. Sin embargo, para aquellos de nosotros que sabemos en el fondo que es posible hacer algo mejor, ELIJAMOS forjarnos una vida diferente. Uno diseñado a propósito.

¿Cómo puedes empezar a examinar tu vida a un nivel más profundo para identificar dónde empezar a vivir más el momento con pasión y entusiasmo?

Sea lo que sea, comprométete a comenzar a elévar tus expectativas y continúa para vivir una vida que valga la pena.

¿Qué aprendiste de este Pensamiento de Poder?

¿Qué vas a hacer para involucrarte con este pensamiento, desafío o tema durante la semana?

ELÉVAR

Tómese el tiempo para documentar sus pensamientos y lo que está observando en torno a este tema o desafío. Recuerde que llevar un diario es para usted, lo que necesita para extraer, documentar, aplicar y crecer.

☐ Marque esta casilla cuando haya tomado y completado una acción hacia este tema.

¿Eres más adicto a la idea o a la implementación?
Tus pensamientos de poder son una inversión en tu yo futuro.

_____

_____

_____

_____

_____

_____

_____

_____

_____

_____

TREINTA Y SIETE

El hombre razonable se adapta al mundo; el irrazonable persiste en intentar adaptar el mundo a sí mismo. Por lo tanto, todo progreso depende del hombre irrazonable.

George Bernard Shaw

¿Qué parte de tu vida has diseñado o simplemente te has adaptado al mundo?

A nadie le gusta admitir que nos hemos dejado influenciar tanto por el mundo que ya no tenemos el control de nuestra vida. Sin embargo, mire a su alrededor y pregúntese: ¿es esta la versión que la gente habría elegido?

Es fácil entender cómo sucede esto, ya que existe una recompensa social por alinearse con el promedio entre nosotros. No estás en el fondo pero no serás ridiculizado ni tendrás que hacer el trabajo duro necesario para separarte en la parte superior de la sociedad.

Sin embargo, la verdadera pregunta es... ¿qué es lo que TÚ realmente quieres para tu vida?

Lo más probable es que, si alguno de nosotros pasa tiempo a solas intimando con nuestro yo superior, sentiremos ese llamado al siguiente nivel de nuestra vida porque nuestro ser interior desea expandirse para convertirse en todo lo que somos capaces de ser.

¿Cómo puedes comenzar o mejorar la forma en que vas a adoptar el mundo a la vida que deseas diseñar para ti y al revés?

Al recorrer este viaje, seguirás sintiendo una vitalidad que te animará a seguir adelante, ya que nunca hay un "allí" o un destino, sino más bien el conocimiento de que Yo estoy en el camino. Y eso será suficiente...

¿Qué aprendiste de este Pensamiento de Poder?

¿Qué vas a hacer para involucrarte con este pensamiento, desafío o tema durante la semana?

ELÉVAR

Tómese el tiempo para documentar sus pensamientos y lo que está observando en torno a este tema o desafío. Recuerde que llevar un diario es para usted, lo que necesita para extraer, documentar, aplicar y crecer.

☐ Marque esta casilla cuando haya tomado y completado una acción hacia este tema.

¿Eres más adicto a la idea o a la implementación?
Tus pensamientos de poder son una inversión en tu yo futuro.

_____

_____

_____

_____

_____

_____

_____

_____

_____

TREINTA Y OCHO

Nunca podríamos aprender a ser valientes y pacientes si sólo existiera alegría en el mundo.

Helen Keller

A través de los altibajos de la vida, ¿cómo ha ido evolucionando su perspectiva?

Cuando realmente resumimos las diferencias fundamentales en la "realidad" de cada uno, la perspectiva es uno de los ingredientes básicos que alimenta y alimenta el nivel de nuestra experiencia.

Por supuesto, a nadie le encanta pasar por adversidades en la vida, sin embargo, esos suelen ser los mejores maestros. No nos encanta estar enfermos, sino que sólo apreciamos la salud en la medida en que lo hacemos, en contraste con no estar sanos.

La lista podría seguir y seguir, lo cual sólo sirve para aclarar la cuestión: la vida se trata mucho más de cómo ELIGEMOS pasar por lo que nos está sucediendo que del evento en sí.

Sabiendo esto, ¿cómo puedes empezar a apoyarte en estos momentos más a menudo con la mentalidad de crecer a partir de la adversidad en lugar de centrarte en lo negativo en determinadas circunstancias?

¿Qué aprendiste de este Pensamiento de Poder?

¿Qué vas a hacer para involucrarte con este pensamiento, desafío o tema durante la semana?

ELÉVAR

Tómese el tiempo para documentar sus pensamientos y lo que está observando en torno a este tema o desafío. Recuerde que llevar un diario es para usted, lo que necesita para extraer, documentar, aplicar y crecer.

☐ Marque esta casilla cuando haya tomado y completado una acción hacia este tema.

¿Eres más adicto a la idea o a la implementación?
Tus pensamientos de poder son una inversión en tu yo futuro.

_____

_____

_____

_____

_____

_____

_____

_____

_____

_____

TREINTA Y NUEVE

La realización de una obra maestra tiene menos que ver con el dinero que se va a ganar y mucho más con el carácter del creador.

Robin Sharma

¿Estás más centrado en la formación del carácter o en el desarrollo profesional actualmente en tu vida?

Esta cita a menudo sólo la entienden plenamente quienes han experimentado más la vida. La pregunta es, si tantas personas que han vivido esta experiencia le dicen lo mismo a la próxima generación, ¿por qué no hay más gente prestando atención?

Sabemos que las redes sociales juegan un papel importante en alimentar la insatisfacción de las personas; por lo tanto, ¿cómo empezamos a separar lo que realmente queremos y luego los rasgos de carácter en los que deberíamos trabajar y fortalecer?

Si fuera posible hacer una obra maestra de nuestra vida, y por qué no sería posible, ¿cómo podemos empezar a redirigir más energía, esfuerzo y centrarnos primero en la formación del carácter?

Los efectos posteriores aparecerán en el momento adecuado a medida que nos preparemos para vivir esa vida de antemano cuando dejemos de centrarnos tanto en lo que estamos obteniendo y más en quiénes nos estamos convirtiendo.

¿Qué aprendiste de este Pensamiento de Poder?

¿Qué vas a hacer para involucrarte con este pensamiento, desafío o tema durante la semana?

ELÉVAR

Tómese el tiempo para documentar sus pensamientos y lo que está observando en torno a este tema o desafío. Recuerde que llevar un diario es para usted, lo que necesita para extraer, documentar, aplicar y crecer.

☐ Marque esta casilla cuando haya tomado y completado una acción hacia este tema.

¿Eres más adicto a la idea o a la implementación?
Tus pensamientos de poder son una inversión en tu yo futuro.

_____

_____

_____

_____

_____

_____

_____

_____

_____

CUARENTA

He tenido sueños y he tenido pesadillas. He conquistado mis pesadillas gracias a mis sueños.

Jonas Salk

¿Cuál de estos dos, sueños o pesadillas (miedos) están más activos en tu vida?

Sabemos que el miedo es probablemente el obstáculo número uno que la mayoría de las personas deben superar al intentar alcanzar sus sueños. A menudo es tan poderoso que la mayor parte de la sociedad ya ni siquiera sueña.

Sin embargo, independientemente de dónde nos encontremos en ese espectro, seamos desafiados a estudiar las vidas de los hacedores y las personas exitosas que conocemos.

Lo que estamos seguros de encontrar es que no fue ningún talento especial o algo único en ellos lo que los llevó hasta allí, fue su voluntad de darse permiso para soñar y, lo que es más importante, simplemente se comprometieron a actuar hasta que sus sueños se hicieran realidad. .

¿Cómo puedes empezar a soñar de nuevo o ampliar aún más tus sueños actuales? ¿Qué miedo se interpone en nuestro camino para que realmente lo hagamos realidad?

¿Qué aprendiste de este Pensamiento de Poder?

¿Qué vas a hacer para involucrarte con este pensamiento, desafío o tema durante la semana?

ELÉVAR

Tómese el tiempo para documentar sus pensamientos y lo que está observando en torno a este tema o desafío. Recuerde que llevar un diario es para usted, lo que necesita para extraer, documentar, aplicar y crecer.

☐ Marque esta casilla cuando haya tomado y completado una acción hacia este tema.

¿Eres más adicto a la idea o a la implementación?
Tus pensamientos de poder son una inversión en tu yo futuro.

_____

_____

_____

_____

_____

_____

_____

_____

_____

CUARENTA Y UNO

Trate a las personas como si fueran lo que deberían ser y les ayudará a convertirse en lo que son capaces de llegar a ser.

Johann Von Goethe

¿Cuándo fue la última vez que realmente evaluaste cómo te relacionas con los demás, especialmente con aquellos más cercanos a ti?

Si podemos dar un paso atrás y ver la realidad de hasta qué punto la sociedad se ve obstaculizada por la falta de confianza en uno mismo, resulta fácil ver cuán poderosa y necesaria es para ayudar a elévar la confianza y la autoestima de las personas.

Incluso si nosotros mismos descubrimos que a veces nos falta algo en esta área, una de las mejores maneras de elévar nuestras vidas es elévar intencionalmente a quienes nos rodean.

Esto tiene dos propósitos principales. En primer lugar, se siente bien ayudar a los demás y, por lo tanto, participamos en actividades que nos hacen sentir bien. En segundo lugar, las mareas crecientes levantan todos los barcos, de modo que cuanto mejores ayudemos a los demás, eso a su vez repercutirá en nuestras vidas.

¿Cómo podemos comenzar a mirar dentro de nuestra esfera de influencia en nuestras vidas e identificar algunas personas en las que nos comprometeremos a ayudarlas a ver su potencial superior y en quiénes son capaces de convertirse? ¿Cómo se ve, suena y se siente eso?

No caigamos en la vida con el status quo de simplemente permitir que las personas que nos rodean luchen por la vida cuando tenemos el don y la capacidad de ayudar a generar expectativas, creencias y confianza en que es posible mejorar.

¿Qué aprendiste de este Pensamiento de Poder?

¿Qué vas a hacer para involucrarte con este pensamiento, desafío o tema durante la semana?

ELÉVAR

Tómese el tiempo para documentar sus pensamientos y lo que está observando en torno a este tema o desafío. Recuerde que llevar un diario es para usted, lo que necesita para extraer, documentar, aplicar y crecer.

☐ Marque esta casilla cuando haya tomado y completado una acción hacia este tema.

¿Eres más adicto a la idea o a la implementación?
Tus pensamientos de poder son una inversión en tu yo futuro.

_____

_____

_____

_____

_____

_____

_____

_____

_____

_____

CUARENTA Y DOS

Un plan claro te libera del tormento de la elección.

Saul Bellow

¿Tienes un plan CLARO para tu vida?

Esta es una pregunta interesante y desafiante. Incluso para los pocos que dirían que sí, ¿qué tan claro está? ¿Lo siguen activamente a diario?

Para la mayoría, reconoceríamos la oportunidad de desarrollar un plan o, como mínimo, dedicar tiempo a modificar el que tenemos actualmente.

Simplemente darnos cuenta de que la mayoría de las personas realmente no planifican y por lo tanto planean fracasar, ¿no debería ser esto el indicador de que si nosotros tampoco queremos alinearnos? entre el promedio que simplemente desea cosas en la vida versus aquellos que las obtienen, que debemos desarrollarnos hacia estos niveles más elevados de participación en la vida?

¿Cómo es un plan de subida de nivel para tu vida en este momento? ¿Tomarse un tiempo para desarrollar al menos semillas para empezar? ¿Cómo puede participar con más frecuencia para garantizar un seguimiento real?

A medida que navegamos en nuestras vidas a diario, tengamos la honestidad necesaria para asegurarnos de evitar caer en la trampa de ser "suficientemente bueno". Establezca recordatorios periódicos de su compromiso de ejecutar su plan para una gran vida.

¿Qué aprendiste de este Pensamiento de Poder?

¿Qué vas a hacer para involucrarte con este pensamiento, desafío o tema durante la semana?

ELÉVAR

Tómese el tiempo para documentar sus pensamientos y lo que está observando en torno a este tema o desafío. Recuerde que llevar un diario es para usted, lo que necesita para extraer, documentar, aplicar y crecer.

☐ Marque esta casilla cuando haya tomado y completado una acción hacia este tema.

¿Eres más adicto a la idea o a la implementación?
Tus pensamientos de poder son una inversión en tu yo futuro.

_____

_____

_____

_____

_____

_____

_____

_____

_____

_____

CUARENTA Y TRES

Nunca disminuyas el poder de las palabras. Las palabras mueven los corazones y los corazones mueven los miembros.

Hamza Yusuf

¿Qué cantidad de vida estás hablando a los demás y, más importante aún, a ti mismo de forma regular?

A lo largo de nuestra vida hemos visto el poder de las palabras desde un punto de vista tanto positivo como negativo. Sin embargo, a pesar de saber esto, ¿alguna vez te has preguntado por qué no aprovechamos más a menudo este poder que está disponible para todas las personas?

Aunque hay muchos factores que contribuyen a esto, una de las razones principales es que, como máquinas imitadoras, nos adaptamos principalmente a los entornos que ya existen. Por lo tanto, si no es una práctica común entre nosotros, pocos se esfuerzan por utilizarla en sus vidas.

La pregunta subyacente entonces es: ¿queremos vivir una vida a la par de lo que es común entre nosotros? Lo más probable es que, si estás leyendo este libro, desees más para tu vida.

¿Cómo puedes empezar a hablar de forma más positiva y proactiva en las vidas de quienes te rodean con más frecuencia? ¿Cómo puedes mejorar tu propio diálogo interno para hablarte vida varias veces al día más de lo que lo haces ahora?

Al participar en esta sencilla práctica con intención, comenzaremos a elévar a quienes nos rodean y, de manera recíproca, mejoraremos nuestra propia trayectoria hacia una vida bien vivida.

¿Qué aprendiste de este Pensamiento de Poder?

¿Qué vas a hacer para involucrarte con este pensamiento, desafío o tema durante la semana?

ELÉVAR

Tómese el tiempo para documentar sus pensamientos y lo que está observando en torno a este tema o desafío. Recuerde que llevar un diario es para usted, lo que necesita para extraer, documentar, aplicar y crecer.

☐ Marque esta casilla cuando haya tomado y completado una acción hacia este tema.

¿Eres más adicto a la idea o a la implementación?
Tus pensamientos de poder son una inversión en tu yo futuro.

_____

_____

_____

_____

_____

_____

_____

_____

_____

_____

CUARENTA Y CUATRO

Cualquier persona exitosa tiene que decidir qué hacer, en parte decidiendo qué no hacer.

Angela Duckworth

¿Con qué frecuencia evalúas y, más importante aún, eliminas actividades que no son fructíferas en tu vida?

A lo largo de nuestro viaje de crecimiento, desarrollo y éxito, es fácil quedar atrapado en cosas que son buenas en el momento pero que pueden no ser el mejor uso de su tiempo a largo plazo.

Al principio, que nos pidan que participemos en tantas cosas nos hace sentir bien y es halagador, pero si realmente queremos ser lo mejor que podemos y vivir nuestra mejor vida, debemos aprender el arte y la habilidad de elegir las actividades "correctas" que sean "correctas" para nosotros.

Con una cantidad infinita de cosas en las que podríamos dedicar nuestro tiempo, es crucial darle a esta área el enfoque adecuado. Aunque el tiempo es gratis, es nuestro recurso más preciado. La forma en que elijamos pasar nuestro tiempo libre determinará cuán valiosos seremos.

¿Cómo puedes comenzar o mejorar tu evaluación de dónde y cómo pasas tu tiempo? ¿Estas actividades se alinean con sus ideales y valores generales? ¿Cómo puedes empezar a redistribuir tu tiempo hacia actividades más fructíferas?

Al examinar las vidas de aquellos que aparentemente están viviendo su mejor vida, ser dueños de su tiempo es uno de los rasgos más comunes que encontraremos. Comprometámonos también nosotros a seguir el ejemplo.

¿Qué aprendiste de este Pensamiento de Poder?

¿Qué vas a hacer para involucrarte con este pensamiento, desafío o tema durante la semana?

ELÉVAR

Tómese el tiempo para documentar sus pensamientos y lo que está observando en torno a este tema o desafío. Recuerde que llevar un diario es para usted, lo que necesita para extraer, documentar, aplicar y crecer.

☐ Marque esta casilla cuando haya tomado y completado una acción hacia este tema.

¿Eres más adicto a la idea o a la implementación?
Tus pensamientos de poder son una inversión en tu yo futuro.

_____

_____

_____

_____

_____

_____

_____

_____

_____

_____

CUARENTA Y CINCO

El valor se considera, con razón, la principal de las virtudes, porque de él dependen todas las demás.

Winston Churchill

¿Con qué valentía te comprometes con la vida?

La realidad del ser humano es que todos experimentamos miedo porque está profundamente arraigado en nuestra biología.

La pregunta impactante es: ¿estamos permitiendo que nos detenga o estamos avanzando para llegar al otro lado de las cosas y a la vida que realmente queremos?

Desafortunadamente para la mayoría, el miedo los paraliza tanto que simplemente no actúan, lo que se convierte en la raíz del asentamiento en tantas áreas de la vida.

¿Cómo puedes empezar a avanzar con más valentía en esos momentos y áreas de tu vida que sabemos que en lo más profundo de nosotros nos han estado frenando?

Una vez que haya identificado algunas áreas, busque un socio responsable con quien compartir porque necesitamos a otros fuera de nosotros para asegurarnos de que comenzamos a elévar el nivel de nuestra responsabilidad. ¡Si no haces esta simple cosa, tu cobardía aparecerá nuevamente!

¿Qué aprendiste de este Pensamiento de Poder?

¿Qué vas a hacer para involucrarte con este pensamiento, desafío o tema durante la semana?

ELÉVAR

Tómese el tiempo para documentar sus pensamientos y lo que está observando en torno a este tema o desafío. Recuerde que llevar un diario es para usted, lo que necesita para extraer, documentar, aplicar y crecer.

☐ Marque esta casilla cuando haya tomado y completado una acción hacia este tema.

¿Eres más adicto a la idea o a la implementación?
Tus pensamientos de poder son una inversión en tu yo futuro.

_____

_____

_____

_____

_____

_____

_____

_____

_____

_____

CUARENTA Y SEIS

La persistencia es para el carácter del hombre lo que el carbono es robar.

Napoleon Hill

En una escala del 1 al 10, ¿dónde calificarías tu nivel de perseverancia o tenacidad hoy?

Prácticamente todos podemos identificar dónde nos vendría bien un poco (o mucha) más perseverancia. Mirando hacia atrás, todos podemos reconocer cuántas veces en nuestras vidas hemos dejado algo demasiado pronto para pensar en el ahora y darnos cuenta de "¿y si me hubiera quedado con eso?".

La reflexión no pretende provocar arrepentimiento, sino más bien impulsar un camino alternativo o elevado hacia adelante.

¿Cómo sería mejorar su nivel actual de perseverancia? Conociendo algunos de los obstáculos desafiantes en su camino, ¿cómo puede comenzar a planificar con anticipación cómo ELEGIRÁ persistir a través de ellos?

Sabemos que no existe un camino fácil para alcanzar el éxito, por lo tanto, aceptemos la necesidad de desarrollar la perseverancia y participar activamente en que se convierta en nuestro factor de avance.

¿Qué aprendiste de este Pensamiento de Poder?

¿Qué vas a hacer para involucrarte con este pensamiento, desafío o tema durante la semana?

ELÉVAR

Tómese el tiempo para documentar sus pensamientos y lo que está observando en torno a este tema o desafío. Recuerde que llevar un diario es para usted, lo que necesita para extraer, documentar, aplicar y crecer.

☐ Marque esta casilla cuando haya tomado y completado una acción hacia este tema.

¿Eres más adicto a la idea o a la implementación?
Tus pensamientos de poder son una inversión en tu yo futuro.

_____

_____

_____

_____

_____

_____

_____

_____

_____

_____

CUARENTA Y SIETE

El regalo más preciado que podemos ofrecer a los demás es nuestra presencia. Cuando la atención plena abrace a aquellos que amamos, florecerán como flores.

Thich Nhat Hanh

En nuestro mundo de distracciones infinitas, ¿qué tan presente estás realmente en los momentos con aquellos que más te importan en tu vida?

Esta debería ser una pregunta con la que nos desafiemos y reflexionemos periódicamente, porque todos sabemos lo fácil que es dejarse llevar por el vórtice de distracción de la vida.

Vemos esto cada vez más evidente en el mundo que nos rodea saliendo a comer, en reuniones e incluso pasando ese precioso tiempo a solas con aquellos que más amas.

¿No deberíamos empezar a elévar nuestras expectativas si realmente queremos fomentar una conexión más profunda y de mayor calidad con aquellos que decimos que más nos importan en la vida?

¿Cómo puedes por primera vez ser más consciente y honesto acerca de dónde tienes oportunidades para mejorar en este espacio? En segundo lugar, ¿cómo puedes empezar a mejorar lo que has notado para llegar a ser conocido como una persona que está plenamente presente en presencia de los demás?

Ahora más que nunca, este hermoso regalo es necesario en nuestro mundo. Comprometámonos a ser este tipo de bendición para aquellos con quienes nos relacionamos a diario.

¿Qué aprendiste de este Pensamiento de Poder?

¿Qué vas a hacer para involucrarte con este pensamiento, desafío o tema durante la semana?

ELÉVAR

Tómese el tiempo para documentar sus pensamientos y lo que está observando en torno a este tema o desafío. Recuerde que llevar un diario es para usted, lo que necesita para extraer, documentar, aplicar y crecer.

☐ Marque esta casilla cuando haya tomado y completado una acción hacia este tema.

¿Eres más adicto a la idea o a la implementación?
Tus pensamientos de poder son una inversión en tu yo futuro.

_____

_____

_____

_____

_____

_____

_____

_____

_____

_____

CUARENTA Y OCHO

Comprométete a ver el dolor de una manera nueva, como un sistema de transmisión de mensajes súper importante. Escuche el dolor y aprenda lo que le está diciendo.

Trent Shelton

¿Qué lecciones te ha enseñado el dolor a lo largo de tu vida?

Aunque sabemos que no se puede evitar completamente el dolor en la vida, es lamentable la frecuencia con la que no reflexionamos para obtener información valiosa sobre cómo podemos aprender y crecer a partir del dolor que experimentamos.

Muchos incluso quedan tan paralizados por el dolor que se ven obstaculizados en diversos grados, lo que les impide pasar al siguiente nivel de grandeza en sus vidas.

DECIDAMOS dejar de luchar contra el gran maestro que puede ser el dolor y, en cambio, cambiemos nuestros porqués por quées. Dejemos de hacernos preguntas que nos desempoderen, como "¿Por qué me pasa esto a mí?" y en su lugar pregunte "¿Qué puedo aprender de esto?"

¿Cómo puedes primero dedicar un tiempo a reflexionar sobre algunos de los dolores que has experimentado en la vida y preguntarte si faltan cosas que puedas aprender de ello? En segundo lugar, ¿cómo puedes mejorar tu reflexión en el momento de experimentar dolor para no solo ayudarte a superarlo más rápido, sino también garantizar que se aprende una lección en cada nuevo momento?

Cuanto más podamos cultivar este tipo de mentalidad, mejor nos ayudará a alimentar y alimentar automáticamente nuestro crecimiento general en la vida.

¿Qué aprendiste de este Pensamiento de Poder?

¿Qué vas a hacer para involucrarte con este pensamiento, desafío o tema durante la semana?

ELÉVAR

Tómese el tiempo para documentar sus pensamientos y lo que está observando en torno a este tema o desafío. Recuerde que llevar un diario es para usted, lo que necesita para extraer, documentar, aplicar y crecer.

☐ Marque esta casilla cuando haya tomado y completado una acción hacia este tema.

¿Eres más adicto a la idea o a la implementación?
Tus pensamientos de poder son una inversión en tu yo futuro.

_____

_____

_____

_____

_____

_____

_____

_____

_____

CUARENTA Y NUEVE

¿Puedes aprender a presenciar tu vida en lugar de identificarte con ella? Lo creas o no, ahí es donde reside la dicha, donde reside la conciencia superior, donde reside la auténtica libertad.

Brendon Burchard

¿Con qué frecuencia sales objetivamente de tu rutina diaria para alejarte y ver tu vida desde un punto de vista más amplio?

Para la mayoría de nosotros, la respuesta probablemente no sería suficiente. Con una cantidad infinita de cosas que "podríamos" hacer, es muy fácil dejarse llevar por la resaca diaria de la vida.

Mirando a tu alrededor y reconociendo esto mismo en la mayoría de las personas con las que te relacionas regularmente, ¿qué tan bien está funcionando esta estrategia para otras personas en sus vidas?

Aprender a observar esto con más frecuencia y en un nivel más profundo debería ayudarnos a reflexionar mejor sobre nuestras propias vidas y hacernos una pregunta similar: ¿es esta la vida que realmente quiero vivir?

¿Cómo puedes ser más consciente por primera vez de cómo te relacionas con tu vida actualmente? A continuación, en más momentos de tus días/semanas, ¿cómo puedes crear más momentos para simplemente hacer una pausa y dar un paso hacia una conciencia superior para ayudar a asegurar que tienes la perspectiva adecuada y que realmente vas en la dirección que deseas ir en la vida?

Al hacer esto, no sólo mejoraremos nuestra vida, sino que también nos convertiremos en faros para que otros sean testigos del potencial ilimitado de vivir una vida diseñada.

¿Qué aprendiste de este Pensamiento de Poder?

¿Qué vas a hacer para involucrarte con este pensamiento, desafío o tema durante la semana?

ELÉVAR

Tómese el tiempo para documentar sus pensamientos y lo que está observando en torno a este tema o desafío. Recuerde que llevar un diario es para usted, lo que necesita para extraer, documentar, aplicar y crecer.

☐ Marque esta casilla cuando haya tomado y completado una acción hacia este tema.

¿Eres más adicto a la idea o a la implementación?
Tus pensamientos de poder son una inversión en tu yo futuro.

_____

_____

_____

_____

_____

_____

_____

_____

_____

_____

CINCUENTA

Independiente de los demás y en concierto con los demás, tu principal tarea en la vida es hacer lo que mejor sabes hacer y convertirte en lo que potencialmente puedes ser.

Erich Fromm

¿Estás buscando "activamente" ser la mejor versión de ti mismo que puedas llegar a ser?

Si no, ¿por qué no? En caso afirmativo, ¿qué evidencia tendría para respaldar que, efectivamente, está en la búsqueda constante de alcanzar su máximo potencial?

Yo diría que cualquiera que lea este libro probablemente se encuentre en algún punto intermedio, más cerca del espectro de buscar su mejor vida. (¿Quién más lee libros sobre cómo mejorar su vida?)

Un punto de observación es hasta qué punto la sociedad se alinea con lo que está haciendo la mayoría de la sociedad. Está claro en casi todos los aspectos de la vida. Por lo tanto, debemos aceptar que el viaje para convertirnos en lo mejor de nosotros mismos es a menudo un viaje que solo unos pocos realizan.

Si realmente tenemos el estómago para eso, desafiémonos a nosotros mismos en cada área de nuestra vida, ¿cómo sería la "próxima mejor versión" de mí en esta área? Reflexiona sobre algunas áreas clave de tu vida haciendo esa pregunta y comienza a escribir detalles sobre cómo se ve y, lo que es más importante, cómo podrías comenzar a tomar medidas para convertirte en eso.

Para aquellos que pueden vislumbrar cómo sería la vida al otro lado de esta valiosa búsqueda, esa visión se convierte en el combustible necesario para avanzar hacia nuestra próxima versión de lo que somos capaces de llegar a ser.

¿Qué aprendiste de este Pensamiento de Poder?

¿Qué vas a hacer para involucrarte con este pensamiento, desafío o tema durante la semana?

ELÉVAR

Tómese el tiempo para documentar sus pensamientos y lo que está observando en torno a este tema o desafío. Recuerde que llevar un diario es para usted, lo que necesita para extraer, documentar, aplicar y crecer.

☐ Marque esta casilla cuando haya tomado y completado una acción hacia este tema.

¿Eres más adicto a la idea o a la implementación?
Tus pensamientos de poder son una inversión en tu yo futuro.

_____

_____

_____

_____

_____

_____

_____

_____

_____

Cincuenta y uno

Quien suda más en el entrenamiento,
sangra menos en la guerra.

Credo del guerrero espartano

¿Cómo es tu régimen de entrenamiento actual para ayudarte a ganar en la vida?

Con demasiada frecuencia pensamos en el entrenamiento sólo como algo físico, cuando el verdadero entrenamiento para una vida exitosa tiene mucho más que ver con cómo nos entrenamos mentalmente.

Sabemos que tenemos una sociedad mucho más reactiva que proactiva. Por lo tanto, podemos ver por qué la mayoría permite que les suceda la vida en lugar de perseguir realmente lo que quieren.

La base para una gran vida comienza con dedicar tiempo a definir lo que quieres. Detrás de esto está ser brutalmente honesto acerca de lo que se necesitará para alcanzar ese tipo de vida. A partir de aquí, desafíate a ti mismo: ¿estás dispuesto a esforzarte realmente en lo necesario para llegar allí?

Si es así, muévete. Si no, reajusta tus expectativas y deseos en la vida.

¿Cómo puedes comenzar a mejorar entrenándote en varias partes de tu vida para estar listo para la batalla y conquistar los momentos difíciles que vendrán para poner a prueba tu voluntad y tu resolución para ver si realmente quieres alcanzar el siguiente nivel?

Sabiendo cuánto admiramos a aquellos que han logrado grandes cosas superando las adversidades de la vida, ESCOJAMOS convertirnos en uno de nosotros mismos con este primer paso de entrenarnos a nosotros mismos.

¿Qué aprendiste de este Pensamiento de Poder?

¿Qué vas a hacer para involucrarte con este pensamiento, desafío o tema durante la semana?

ELÉVAR

Tómese el tiempo para documentar sus pensamientos y lo que está observando en torno a este tema o desafío. Recuerde que llevar un diario es para usted, lo que necesita para extraer, documentar, aplicar y crecer.

☐ Marque esta casilla cuando haya tomado y completado una acción hacia este tema.

¿Eres más adicto a la idea o a la implementación?
Tus pensamientos de poder son una inversión en tu yo futuro.

_____

_____

_____

_____

_____

_____

_____

_____

_____

_____

CINCUENTA Y DOS

Vivir en los corazones que dejamos atrás no es morir.

Thomas Campbell

¿Cómo piensas sobre tu legado? (Como mucho)

Cuando nos alejamos de todas nuestras actividades diarias, de las cosas a las que decimos que sí y de todo lo que permitimos que llene nuestros calendarios, ¿para qué sirve todo esto?

Con demasiada frecuencia, las personas simplemente salen a la vida, consiguen un trabajo, forman una familia y, una vez que son arrastradas a la matriz, potencialmente aspiran a subir de nivel aquí y allá, pero en su mayoría aceptan la vida tal como es.

Pero nuevamente, ¿por qué y para qué?

La mejor parte de pensar en nuestro legado es que todavía tenemos tiempo para decidir cómo nos gustaría que fuera y, por lo tanto, tenemos tiempo para crear pasos de acción para influir en lo que será nuestro legado.

En última instancia, nuestro legado no lo definiremos simplemente nosotros, sino también el impacto, las historias y las opiniones que otros tuvieron sobre nosotros. Sin embargo, podemos asegurarnos de dedicar tiempo intencional a escribir momentos de calidad en los corazones y las mentes que más nos importan y con los que más interactuamos a diario.

¿Cómo puedes mejorar tu forma de pensar actualmente sobre tu legado? A partir de ahí, ¿cómo puedes empezar a asegurarte de que esta atención plena y reflexiva sea parte de cómo estás diseñando tu vida en el futuro?

Dejemos que esto sea una parte importante de nuestro "para qué" y una gran parte del resultado será una vida diaria mejorada que valdrá la pena cada minuto de vivirla.

¿Qué aprendiste de este Pensamiento de Poder?

¿Qué vas a hacer para involucrarte con este pensamiento, desafío o tema durante la semana?

ELÉVAR

Tómese el tiempo para documentar sus pensamientos y lo que está observando en torno a este tema o desafío. Recuerde que llevar un diario es para usted, lo que necesita para extraer, documentar, aplicar y crecer.

☐ Marque esta casilla cuando haya tomado y completado una acción hacia este tema.

**¿Eres más adicto a la idea o a la implementación?
Tus pensamientos de poder son una inversión en tu yo futuro.**

_____

_____

_____

_____

_____

_____

_____

_____

_____

VICTORIAS

MARCADORES DE MILLAS – EL IMPULSO DEL ÉXITO

Seamos realistas, la mayoría de nosotros somos malos para notar y celebrar nuestras victorias.

De hecho, la mayor parte de la sociedad no lo hace bien y prefiere prestar más atención a las crisis y al fracaso. Escuche, si no se da cuenta

intencionalmente de cuándo y con qué frecuencia está ganando, ¡se lo está perdiendo!

Es más fácil generar impulso cuando puedes ver con qué frecuencia avanzas. Es como mirar hacia arriba después de trabajar en algo durante mucho tiempo para ver hasta dónde has llegado. La verdad es que las VICTORIAS son como el oxígeno: alimentan nuestros sueños.

Tómese el tiempo para notar, nombrar y celebrar sus victorias. ¡Escribe qué fue, cómo te beneficia y cómo te sientes después de ello!

PERSONAL   PROFESSIONAL   POTENTIAL

letsthink3d.com

www.ingramcontent.com/pod-product-compliance
Lightning Source LLC
Chambersburg PA
CBHW020241130626
46549CB00005B/2005

Letters

Margaret
Florence Baine

by

Ann Lavendar

www.AnnLavendar.com

LeeLoo Publishing™ / Texas

Copyright 2016 Ann Lavendar

Cover Design Copyright 2016

Ann Lavendar

First Print Edition 2016
Distributed by Amazon

ISBN-13: 978-0692619063
ISBN-10: 0692619062
: